DATE DUE

PRINTED IN U.S.A.

encuentro

EL LIBRO MUERE CUANDO LO FOTOCOPIAN

Título de la obra: *Cómo consultar el MO Tibetano. El oráculo tántrico de los Himalayas*

COORDINACIÓN EDITORIAL: Gilda Moreno Manzur
DIAGRAMACIÓN: Ivette Ordóñez P.
PORTADA: Víctor Santos Gally

© 2014 Editorial Pax México, Librería Carlos Cesarman, S.A.
　　　Av. Cuauhtémoc 1430
　　　Col. Santa Cruz Atoyac
　　　México DF 03310
　　　Tel. 5605 7677
　　　Fax 5605 7600
　　　www.editorialpax.com

Primera edición
ISBN 978-607-9346-27-0
Reservados todos los derechos
Impreso en México / *Printed in Mexico*

ÍNDICE

Ignacio González Janzen (1945-), escritor y psicoterapeuta, maestro universitario en Bioenergética y Psicosomática e incansable viajero, presenta este libro sobre el MO, el oráculo tibetano. El autor ha vivido la experiencia del esoterismo y la magia ancestral en sus escenarios orientales: Egipto, Anatolia, India, Pakistán, Nepal, Tibet, Tailandia, Vietnam. Así conoció el MO tibetano, sistema que trajo a México e incorporó a su práctica clínica. Sistema con el que ha trabajado con cientos de discípulos y pacientes interesados en aventurarse en este oráculo sorprendente. González Janzen nos introduce en el mundo mágico del Bon-budismo esotérico, y lo hace con la solvencia de su experiencia: cuarenta años como periodista y corresponsal de guerra, con una veintena de libros publicados en diversos países. Ex director de diarios, revistas y radioemisoras, galardonado, entre otros, con el Premio Latinoamericano de Periodismo "José Martí". Como Jefe de Información de Radio Educación (SEP), compartió el Premio Nacional de Periodismo de México. Su pasión por explorar la vida y sus misterios, fue el motor que lo condujo a Oriente una y otra vez, en donde inició una "segunda vida" como hermano lego de filósofos y maestros asiáticos, a los que regresa año con año. Por su prédica en favor de la paz y la tolerancia cultural, ha sido condecorado con la más alta presea que otorga la República de Vietnam. Asiste seminarios y dirige talleres en diversos países. Orienta a sus alumnos y pacientes inspirado en la rebelión de la conciencia. Te puedes comunicar con él al teléfono: México (777) 102-1117.

A la memoria de
Gustavo Fontán Balestra

CAPÍTULO I.
INTRODUCCIÓN AL MO TIBETANO

Alguien me dijo tiempo atrás que para hablar con Dios había que ascender a las cumbres más altas. Era una metáfora, una bellísima metáfora, pero la tomé muy en serio y durante años soñé con vagar por los Himalayas. Sin embargo, debo decir que encontré a Dios por todas partes, casi a la vuelta de la esquina, en el amor a corazón abierto de tanta gente que nos ofrece lo mejor que tiene. Y en su momento, cuando la vida me regaló lo inesperado, crucé las fronteras tibetanas y vagué por los Himalayas al amparo de Dios y todos ellos.

Mi visita al Tibet –Zizhiqu en tibetano–, al que yo llamo respetuosamente "el gran ermitaño", es uno de los párrafos más bellos de mi vida. Un momento especial, una época de luminiscencias, una experiencia de recogimiento y renacimiento. En sus planicies, en los valles más altos del planeta, el azul del cielo se funde con el cristalino azul de los lagos y las vertientes. Al pie de esas imponentes y silenciosas cumbres –Altin Tag, Karakorum, los Himalayas– nacen ríos milenarios como el Indo y el Brahmaputra. También el Mekong de mis queridos hermanos vietnamitas. El Yellow River chino, de una vieja canción de Christie llena de nostalgia para mi generación (*Yellow river, Yellow river is in my mind and in my eyes*). El silencio es inmenso, la paz es infinita.

Sin brújula, ni reloj, ni nada parecido a un celular, vagué por esas montañas con una mochila casi vacía, que poco a poco se comenzó a llenar: la honda de un pastor, un librito de sutras (oraciones), un abrigo de lana, guantes de piel curtida de jak, una estatuilla del maestro de maestros, una tacita para té, un bolsito de hierbas curativas, piedras y gemas milagrosas recogidas en arroyos y cascadas, una libreta de notas sobre el MO tibetano.

El MO es en Tibet un antiguo ritual muy especial. Un método de adivinar o predecir lo que la vida nos reserva. La consulta a un oráculo sagrado sobre nuestra familia, afectos, propiedades, riquezas, salud, tareas, viajes, peligros, guerras, cosechas, o incluso un objeto perdido. Es un método simple, claro, directo, poético, sin pretensiones de erudición ni mensajes cifrados, que pertenece a todos pero no tiene dueño, y está arraigado en el tiempo sin tiempo de la cultura tibetana.

Al amparo de Jam pal yang, la deidad que personifica la sabiduría de todos los budas, los presagios del MO surgen de un Ngak o mantra mágico que nos remite a un mensaje específico, que contiene respuestas a las que se consideran las grandes preguntas básicas que atañen al ser humano (hombres y mujeres sin distinción) y a las que se acceden en un ritual que emplea dados con los seis mantras rituales de Jam pal yang.

La primera vez que oí hablar del MO fue en la región del conmovedor lago Yamdrok, un inmenso espejo de azul purísimo, pero me fue imposible conseguir un *lector* o *guía* con quien trabajar en un idioma occidental. Más tarde, en el monasterio de Shigatse, conocí a un viejo monje tibetano que me habló del MO de nuevo. Finalmente, en el monasterio de Mondroling encontré un joven monje de la secta Nima, que vivió un tiempo en Florencia (Italia), con el que pude comunicarme fácilmente en italiano. Fue con él que encendimos velas de mantequilla y un delicioso incienso, invocamos la protección de Jam pal yang en una sencilla meditación y, después de repetir dos Ngak rituales, arrojé los dados y escuché una voz que le hablaba a mi corazón.

Recuerdo que tomábamos té en el austero cuartito de mi joven amigo y maestro, riéndonos de que usaba una computadora como mesita de apoyo, porque se la enviaron desde San Francisco (California) sin saber que el antiguo monasterio no tenía electricidad, mucho menos teléfono. "No te rías", me dijo, "estoy seguro de que tú tampoco sabes muchas cosas nuestras. Como que Jam pal yang conoce muy bien a Vajrapani, la que conoce muy bien a Avalokitesava, el de la Escuela del Loto, y ellos tres conocen a Manjushri, y también a Nod jin, que es el mismo Jam pal yang en una manifestación enfurecida con los demonios que tratan de alterar las prácticas virtuosas. Todos ellos son una sola deidad, con distintos nombres según sus funciones..." Tenía razón, había mucho que aprender por esos caminos.

Más tarde, bastó que le dijera que me encantaría copiar sus apuntes, para que el monje Nima me los diera de regalo. "Búscales un traductor y dalos tú también a conocer, compártelos", me dijo sonriendo. Feliz con mi *tesoro*, con la ayuda de unos buenos amigos holandeses busqué un monje traductor en la capital tibetana, y pronto tuve una versión en inglés de esas notas. ¡Qué sorpresa! Lo que tenía era un texto breve, sucinto, un esqueleto, como una breve guía de respuestas lacónicas. No encontré las palabras, ni los consejos profundos, ni las recomendaciones del maestro. Hallé muy poco de lo que él me había dicho y me había maravillado.

Le dije al traductor lo que ocurría, y él se rió con esa jovialidad que es tan común entre su gente. "Hermano", me dijo sin dejar de reír, "me temo que vas a tener que estudiar a Thun Gun Dub Pa, como nosotros llamamos al Buda histórico, a Shakyamuni". "¿Cómo?", pregunté. "Eso: vas a tener que buscar en Buda todo lo que falta. Vas a tener que pedirle a Jam pal yang que ilumine tu corazón y bendiga tus palabras para saber qué decir cuando consultes el MO. Tu maestro no te regaló un libro, te dio una tarea. Eres tú el que debes escribir y reescribir el MO, una y otra vez".

Desde entonces he tratado de cumplir esta tarea, y en el texto del MO que comparto con la gente, vierto la cera de esa sabiduría tibetana que es como una vela encendida en medio de la noche. Es mi palabra, mi poesía, mi voz... pero no me pertenece. Como el azul del cielo y de los lagos, no tiene dueño.

Capítulo II.
El mundo mágico
del budismo tibetano

Con frecuencia me hacen muchas preguntas sobre el Tibet. *¿Es verdad que emplean vino, sangre y orina de vaca en sus bautismos?* Y si, así es, cada líquido tiene un significado místico, mágico. *¿El monasterio de Komburn tiene un árbol enorme en cuya corteza se renuevan sutras y mantras antiquísimos?* Tal vez sea así, pero no conocí Komburn, no me consta, y el budismo propone no creer en nada que no podamos comprobar. *¿Hay lamas que pueden prolongar la vida humana?* Claro que sí, no cabe duda de que te pueden enseñar a hacerlo. *¿En los viejos archivos tibetanos hay planos de la Atlántida?* Eso dicen, pero no reciben al turismo. *¿Existe Shambala, la ciudad de los sabios?* No sé, pero los sabios dicen que no es sabio construir ciudades.

Preguntas y preguntas... *¿Hay gente que se introduce excremento en la boca para aprender a no herir con las palabras?* Sí, es cierto, me consta, pero no te garantiza el resultado. *¿Los tibetanos son vegetarianos?* No es obligatorio... ¡nada es obligatorio! *¿No hay crímenes, ni robos, ni violaciones, ni divorcios?* Debe de haberlos para confirmar la regla, pero no vi en Tibet un solo acto de violencia. No sentí, jamás, la adrenalina del peligro. *¿Es cierto que meditan durante años sentados sobre cadáveres?* Sí, es cierto, hay quienes meditan en los cementerios sobre las banalidades de la vida y el inevitable tránsito de la muerte.

También, *¿Qué es eso del MO tibetano?* Para contestar esta pregunta es necesario extenderse. Para entender y respetar al MO, no basta con decir que es un antiguo sistema tántrico de adivinación, un oráculo al que podemos consultar en busca de la sabiduría que transmite, o que podemos disfrutar como un juego, un mensaje lúdico que nutre de sorpresas a nuestro espíritu. El MO es todo eso, y mucho más. Más que nada, es un instrumento de reflexión que nos aproxima a la conciencia, una invitación a pensar en la diferencia entre salud y enfermedad, placer y anhelo, amor y apego, crisis y evolución, conocimiento e ignorancia, virtud y carencia de virtud, dolor y sufrimiento.

Algunas veces pienso que se puede describir al MO como una suerte de *manual de supervivencia* para el espíritu, para la vida cotidiana. Pero para hablar del MO resulta inevitable referirse, aunque sea someramente, al mundo mágico del budismo tibetano.

Buda, que significa "despierto", es el nombre que se empleaba en la India para designar a la persona que lograba un gran conocimiento espiritual y lo aplicaba hasta alcanzar un nivel superior de comprensión denominado *iluminación*. El padre del budismo, el histórico Buda que recordamos con ese calificativo, y que los tibetanos llaman Thun Gun Dub Pa, nació y vivió en lo que hoy es el bellísimo reino de Nepal, hace algo más de dos mil quinientos años, con el nombre de Shakyamuni. No fue un dios, creador omnipotente, sino un hombre de carne y hueso, miembro de una familia gobernante quien después de vivir en un palacio, casarse y procrear, optó por convertirse en monje y dedicarse a elaborar una doctrina que sirviera para la liberación del sufrimiento. La claridad de sus ideas, su práctica y su enseñanza le permitieron iluminarse y convertirse en Buda, sin duda el más destacado de los budas, pero ni el primero ni el último.

¿Qué es el budismo? ¿Es una religión? Si nos atenemos al legado de Shakyamuni, no es una religión, ni establece la existencia de un dios creador todopoderoso, ni pretende someter al ser humano a los designios de alguna divinidad. No se ocupa de temas metafísicos como la existencia del alma y carece de teología. Es un credo que comparte con muchos otros credos el amor y la compasión, el respeto al prójimo tanto o más que a uno mismo, pero que se diferencia por no aceptar verdades reveladas, ni querer imponerlas como mandato divino. Por el contrario, Buda enseñó que cada ser humano es su propio maestro, o puede llegar a serlo, y que cada quien es responsable de sí mismo. "Cada uno de nosotros es dueño de su propio destino", repetía el maestro. "No acepten ideas que no puedan verificar, ni se adhieran a un dogma que no resista un análisis lógico", dijo Buda.

Uno de mis maestros, Harischandra Lal Singh, sostiene que Buda fue un pensador con una gran apertura mental, un filósofo imbuido por la lógica racional, un científico exigente en busca de la confirmación de sus teorías, un médico preocupado por la salud del cuerpo, un psiquiatra estudioso de los desórdenes mentales, un generoso terapeuta dedicado a la sanación de los espíritus, un político que difundió una doctrina de equidad, respeto, convivencia, no violencia y solidaridad. Esa definición es precisa: los textos de Buda no nos proponen ninguna *verdad universal,* ninguna idea metafísica, ningún destino manifiesto. Ni dios, ni el diablo, están presentes. El pecado no existe. "La verdad –nos dejó dicho Buda– es aquello que arroja buenos resultados."

Buda fue, también, un hombre de acción: "Yermas son las palabras del que no las pone en práctica". Adoptó el principio del Karma, palabra que significa "acción" y que señala que todas las acciones, de cualquier tipo, tarde o temprano provocan un efecto acorde al carácter del acto promotor. Planteó que "sin esfuerzo no hay acción, y sin acción no hay construcción, ni sólida virtud". ¿De qué sirve la enseñanza sin su práctica? —le preguntó una y otra vez a sus discípulos. Reivindicó la acción en la perspectiva panteísta de Krishna: "Ejecuta tú las acciones justas y necesarias, porque la acción es superior a la inacción, y sin la obra, ni siquiera la existencia corporal sería posible" (Bhagavad Gita). Hacer el bien requiere actuar bien, y asegura un buen Karma. E incluso en ciertos casos, propuso una omisión esforzada –un no hacer deliberado– al resumir su doctrina en un "Ayuda a los demás, y si no puedes ayudarlos, por lo menos no los perjudiques".

La enseñanza o **Dharma** budista, difundida en el seno de una sociedad de castas, saturada de desigualdades y discriminaciones, por ser libertaria también fue revolucionaria. Su mensaje contrariaba el poder tradicional de los brahmanes, y proponía un cambio muy profundo al reconocer a todos los hombres y mujeres como iguales, y sostener que cualquiera de ellos podía ser un nuevo Buda. Fue contundente en el rechazo a la política de castas de la clase dominante, y condenó la idea malvada de calificar como intocables a los desposeídos. Su doctrina no tendría dueños, no se sometería a los poderosos, no incluiría la opresión de unos seres sobre otros, no exigiría conversiones forzadas, no aceptaría enfrentamientos raciales ni provocaría guerras religiosas. En ese sentido parece mucho más cercana a la cultura drávida, anterior a las invasiones arias que se impusieron violentamente y sometieron el país al brahmanismo.

Sin embargo, hablar del budismo debe incluir una clara diferenciación entre la vigencia cultural de sus principios, adoptados incluso masivamente, y los regímenes políticos y sociales que han gobernado en su nombre. En el caso del Tibet, un país eminentemente budista, no hay que olvidar que hasta mediados del siglo XX la sociedad se mantuvo muy cerrada y sujeta a un viejo esquema de poder feudal y teocrático, que negaba a la población lo que reconocemos hoy como derechos civiles y democráticos. Las intervenciones extranjeras, primero la británica y luego la china, agudizaron las contradicciones, en perjuicio de la autodeterminación y la democracia política.

En la actualidad, los líderes tibetanos, al interior y en el exilio, manifiestan su seguridad de que, tarde o temprano, el Tibet podrá disfrutar de esos derechos incumplidos durante siglos. El Dalai Lama, sin duda el mayor jefe espiritual tibetano, ha expresado así su opinión: "Si un día el Tibet recupera su independencia, o en todo caso su autonomía, ello sólo podrá ocurrir de un modo democrático... Hasta el siglo XIV el Tibet vivió perfectamente sin Dalai Lama. Lo mismo puede ocurrir el día de mañana. Lo digo con toda solemnidad: el próximo gobierno del Tibet deberá ser elegido democráticamente" (Samsara).

UNIDAD EN LA DIVERSIDAD

Buda enseñó sin repartir diplomas, conferir títulos o reclamar obediencia a una jerarquía, y advirtió sobre el peligro de la ciega devoción a un gurú. El maestro desechó los ritos y rituales de las viejas religiones védicas (brahmánicas) que eran un elemento destacado en el ejercicio del poder político y social; incluso a la hora de su muerte, se negó a designar sucesores y señaló que su único heredero sería el *Dharma*, la disciplina que él creó y difundió.

Sin embargo, después de la muerte de Buda, sus seguidores comenzaron a dividirse en innumerables sectas, cada una con su peculiar interpretación del mensaje del maestro, y su propio camino o **yana**. Así surgieron y se difundieron algunas de las escuelas más importantes hasta hoy:

• Por un lado, la escuela Hinayana (conocida como el *Pequeño Vehículo* o Theravada), la más antigua y ortodoxa de todas, en la que el individuo intenta convertirse en un Buda que busca su exclusiva liberación individual, y que niega la existencia y el concurso de deidades otorgadoras de infinitas gracias.

• Por su parte, la escuela Mahayana (conocida como el *Gran Vehículo*) considera limitado buscar la salvación individual, y en su lugar incorpora una visión altruista, propone el compromiso de esforzarse para contribuir a la salvación de los demás y redimir a la humanidad, al tiempo que adopta ídolos y dioses, un ritual muy elaborado y una metafísica compleja.

- Más tarde, de la escuela Mahayana surgió la escuela Vajrayana (conocida como el *Vehículo de Diamante*) que recogió numerosos ritos esotéricos, expresiones chamánicas, creencias populares y prácticas mágicas.

Otro factor importante, en una fase posterior, fue el desarrollo del tantrismo en India, porque su doctrina filosófico-mística fue asimilada, entre otros, por el budismo Vajrayana. Los textos hindúes sagrados denominados Tantras, escritos en sánscrito, suelen ser polémicos porque algunos autores se los adjudican a Buda, y otros afirman que contradicen las enseñanzas de Shakyamuni, son anónimos y mucho más modernos. Existen un poco más de mil Tantras de esa época, entre los cuales hay algunos descritos como "manuales de hechicería", mientras otros son fórmulas mágicas y sacramentales (mantras), otros son diagramas místicos (yantras) y otros describen sonidos a los que se asigna el poder de influir sobre la naturaleza, capacidad para obrar milagros, y fuerzas que permiten hacer el bien o el mal.

El tantrismo define la realidad y plantea la existencia del hombre desde la concepción de una "unidad absoluta" (*advaya*) que contiene en sí todas las dualidades y todas las polaridades, y reúne todas las fuerzas del cuerpo y el espíritu. Propone a sus seguidores y practicantes una disciplina adecuada para acceder a sus fines desde el mundo material, como complemento del espiritual. Esta propuesta, que invierte un aspecto tradicional del budismo, resulta muy original porque asigna a lo material un carácter liberador. Otros elementos clave son el papel predominante que le asigna a la mujer como "madre universal", y la definición de la sexualidad como un acto divino. La unión sexual del hombre y la mujer (*maithuna*) es un acto sagrado en el que se produce la unión con las fuerzas supremas del universo. Las prácticas sexuales enmarcadas en rigurosos rituales esotéricos son algo medular en el tantrismo.

La palabra tantra tiene varios significados: es tela, es trama, es ritual, es doctrina esencial, es lo sagrado... Supone que el universo es un tejido en el que todo está en relación y en unidad. Como filosofía su origen se remonta a las civilizaciones agrícolas y matriarcales del neolítico en la región del Indo. Su supervivencia se reduce a núcleos pequeños de población de origen drávida, al mestizaje con culturas orientales –está presente en el *taoísmo*– y a cierto interés que ha generado en Occidente.

En su doctrina principal, el tantrismo se basa en la filosofía del Sankya, en esencia la energía divina o Shakti, representada bajo formas femeninas. El principio de la Shakti es la adoración de la energía creadora del ser supremo: el reconocimiento de dios como Madre del Universo. A su vez, Shiva –el principio masculino– es el complemento del ser supremo, al que se debe la existencia del universo, la derrota de la ignorancia, la destrucción del dolor, la alegría de la vida, el cobijo de Shakty.

FUSIONES E INFLUENCIAS

En el Tibet prebúdico imperaba el Bon, una religión arcaica mezcla de animismo y chamanismo, cuyos ritos y sacerdotes eran conocidos por sus disciplinas esotéricas y sus prácticas mágicas. A la poderosa tradición Bon se debe, en muchos aspectos, no sólo el carácter tan peculiar del budismo tibetano a lo largo del tiempo, sino esa marcada tendencia de su gente hacia la magia, el ocultismo, la astrología, un ritualismo complejo y cargado de secretos. El pueblo tibetano carecía entonces de lamas o maestros al estilo budista, pero tenía brujos y chamanes que alcanzaban estados alterados de conciencia, y desde el éxtasis proclamaban su dominio sobre las fuerzas naturales. El poder de la magia no estaba en discusión, y no es extraño que el animismo Bon se opusiera al ingreso del budismo. Desde la muerte de Buda pasarían más de mil años, que sin duda es mucho tiempo, antes de que llegaran al Tibet los primeros misioneros budistas, algunos procedentes de Bengala en India, y otros desde Nepal y China.

El budismo hindú fue introducido en China en el año 61 por el emperador Ming-ti, y aun cuando mostró lentos progresos en su labor de difusión, exhibió una enorme capacidad de adaptación a las creencias locales, muy similar a la que tendría en el Tibet años más tarde. Gracias a la labor de un monje llamado Bodhidharma, surgió la famosa escuela Chan (asociada al budismo Mahayana) que elevó a su máxima expresión el ideal monástico, e inició un proceso de fusión con el taoísmo y el confucianismo. Debido a su influencia, los chinos de la dinastía Han veían en el budismo un taoísmo perfeccionado, y en Buda una nueva personificación de Lao-Tse. El taoísmo se convirtió en el año 440 en la religión oficial de China, pero el budismo estableció numerosas escuelas, se expandió poco a poco hasta reemplazarlo, y alcanzó su esplendor en la época Tang.

En muchos templos de China se encuentra la imagen de una diosa de rostro amoroso y benevolente, símbolo del amor, la misericordia, la bondad, la caridad, a la que se rinde culto desde hace diecisiete siglos. Es, en gran medida, la diosa Madre Universal. Esa deidad, denominada en chino Kuan-yin, es, en realidad, una versión femenina de Avalokitesvara, deidad masculina de la compasión, proveniente de

India. El budismo suma, fusiona, sintetiza, combina y se muestra proclive a la convivencia de escuelas y sectas.

Avalokitesvara es uno de los bodhisatva (seres iluminados) más populares e importantes en la tradición budista. Pero en China y en muchos países del Noreste y Sudeste Asiáticos, el culto de Kuan-yin es muy fuerte, y en el pasado fue venerada como Diosa del Amor y Diosa de la Bondad. Su culto fue popular incluso en Asia Menor, en lo que fue el Imperio Persa (actualmente Irán) y en cada país tiene un nombre en el idioma local (por ejemplo, en Tibet se conoce como Chenrezig y en Japón como Kannon).

Avalokitesvara, el Buda de la Compasión, se convirtió en China en la Diosa de la Misericordia, la gran guardiana del mundo presente. En India y otros países es considerado como la transición entre el histórico buda Shakyamuni y Maitreya, el buda del futuro. Su veneración se inició en China con la llegada del budismo a inicios del siglo III de nuestra era, y a lo largo de diecisiete siglos los monjes locales tradujeron decenas de textos y escrituras sagradas, y además escribieron un buen número de obras apócrifas sobre Kuan-yin. En ese proceso de asimilación, el Bodhisatva proveniente de India transmutó de buda masculino en diosa femenina, pero con muchos de los atributos originales.

El cambio en China de Avalokitesvara de la naturaleza masculina a femenina, se explica por la creencia budista de que al alcanzar el estado de perfección absoluta (nirvana) los seres humanos se desprenden de las características propias de su condición de mortales, así como de su identidad de género (su sexo). Para los chinos también fue fácil adjudicarle identidad femenina, por el carácter misericordioso-amoroso que le distingue. Al mismo tiempo, es obvio que en esa transformación Kuan-yin diluye su origen extranjero y adquiere una personalidad distinta, típicamente china. Avalokitesvara o Kuan-yin es un buen ejemplo de cómo el budismo chino tiene su propio carácter y se diferencia de las escuelas originales de India.

La iconografía china presenta a Kuan-yin como una diosa cuyos brazos sostienen objetos de poder, como una espada, un rosario, una flor de loto, una rama de sauce, usados para ayudar a la gente a liberarse de males y dificultades. Ella tiene muchos brazos y ojos que la hacen muy poderosa. Aparece sentada en una gran flor de loto como los budas, a diferencia de Avalokitesvara que siempre aparece de pie (porque prometió no descansar ni sentarse hasta liberar a todos los seres humanos del sufrimiento). También se representa la deidad china con un ojo en la palma de cada mano, lo que significa que está siempre vigilante para proteger al ser humano.

En Pekín (Beihing), frente a la esquina noroeste de la monumental Ciudad Púrpura o Ciudad Prohibida (Zi-Ji-Cheng) y a un lado del famoso Palacio de los Niños (Jingshan), en una colina en medio de una isla del Lago de la Misericordia (Beihai), se alza el templo de la Pagoda Blanca. Este santuario de la Madre Kwan-yin se encuentra en un bellísimo y conmovedor escenario lleno de estanques con flores de lotos. El escritor Lui Chong afirma que esta deidad era tan poderosa, que Tzu-hsi, conocida como la Emperatriz Viuda, última regente de la dinastía Ching (tía de Aisin Gioro Puyi, el último emperador de China), "solía vestirse con un atuendo budista para aparentar ser Kuan-yin". Para ese propósito, tenía un estanque de lotos alrededor del cual paseaba Tzu-hsi, quien, vista desde lejos, creaba la sensación de flotar entre los lotos como una deidad.

Al referirnos al establecimiento del budismo en Tibet, debemos recrear la convergencia de estas dos vertientes que ingresaron desde India y China, a partir de la decisión del rey Srong-tsan-gampo –el fundador de Lhasa, la capital tibetana–, y del rey Thi-Sron Detsan, de invitar a diversos maestros hindúes y chinos para que difundieran su doctrina. Entre ellos hay que recordar que destacó Padmasambhava, un sabio hindú que llegó hacia el año 747, introdujo la escuela Vajrayana, divulgó el tantrismo y conformó la primera secta bien organizada con el nombre de Nyingmapa (también conocida como los Gorros Rojos). Y si bien los chamanes Bon se opusieron a estos misioneros, en el siglo XI arribó de India un gurú llamado Athisa, que hizo grandes esfuerzos para traducir textos budistas y construir varios monasterios.

En 1386 llegó de China otro monje sabio, Tson-kha-pa, que introdujo un budismo más ascético, impuso una severa disciplina monástica y forjó una nueva secta llamada Geluk-pa (conocida como Secta de la Virtud o de los Gorros Amarillos).

Padmasambhava es un buen ejemplo de los seres iluminados que meditaron durante años sobre cadáveres, se vistieron con sus mortajas y se alimentaron de sus ofrendas. Su legendaria biografía sostiene que meditó en el cementerio de la Felicidad Extendida en Cachemira, después durante cinco años en el cementerio de Pico Autocreado en Nepal, y también en el cementerio Pico de Dios en Sahor. Los textos sagrados afirman que lo inició una sacerdotisa o Dakini, que vivía en un palacio construido con calaveras y bebía de una hermosa copa hecha con un cráneo.

El rey Srong-tsan-gampo, a pedido de su amada Wen Cheng, una de sus cuatro esposas, fue el primer monarca que introdujo algunos elementos budistas en la capital tibetana. Wen Cheng era una princesa china, hija del emperador Taizong de la dinastía Tang, y de China llevó al palacio del Potala su devoción por Buda, así como algunos libros y reliquias magníficas que incorporó a la Mansión Prohibida. Pero entonces los tibetanos no podían leer esos libros ni conocer su contenido. Fue necesario esperar casi un siglo, hasta que con la llegada de Padmasambhava y otros misioneros, y el inicio de la construcción de un primer monasterio budista en Samyé, se iniciaría el desarrollo del budismo tibetano. Al recorrer Samyé la emoción es enorme: pareciera que el tiempo se ha quedado detenido, que las oraciones de los monjes son las mismas que entonces, que el gurú está presente.

En cuanto al Bon, cuya mística sobrevive en el Tibet actual, cabe reiterar que libró una dura batalla contra la penetración del budismo, la perdió, y si bien revivió con mucha fuerza en los albores del segundo milenio, finalmente fue absorbido por el budismo tántrico Vajrayana, al que reforzó en sus contenidos mágicos y esotéricos.

Es por eso que, para muchos estudiosos de la historia y la cultura tibetanas, el Bon no sólo sobrevive en las leyendas y prácticas mágicas, sino en muchísimos otros componentes de los rituales, como es notorio en la escuela Nyingmapa.

Por consiguiente, no es raro que algunos lamas se definan como seguidores de lo que denominan Bon-budismo.

Las gemas, piedras, metales, hierbas y flores curativas son herederas de una antiquísima tradición asiática y tibetana muy anticipada a los estudios análogos en otras culturas, a Paracelso y los alquimistas, a Kulpepper, a obras contemporáneas meritorias como las de Hahnemann y Bach en Occidente. En lo que respecta a las gemas tibetanas, no pasa inadvertido que las más valiosas por sus cualidades mágicas y curativas son las que proceden del fondo del mar: las conchas, el coral y las perlas, en una sorprendente polaridad con las altísimas cumbres del Tibet.

Los metales más empleados en todo tipo de rituales son el oro, la plata, el cobre y el hierro. Acerca de los conocimientos y usos curativos y mágicos de la herbolaria y las flores, es tal su riqueza que justifica plenamente el interés que ha despertado en nuestros días. La milenaria fitoterapia tibetana es un inmenso tesoro difícil de cuantificar.

Entre las piedras destacan algunas muy duras como el diamante, el cuarzo y la turquesa, y otras como el jade y el lapislázuli. Al cuarzo se le asignan muchas propiedades mágicas, vinculadas a su carácter piezoeléctrico, con el que se liga a otros fenómenos energéticos de la naturaleza, en particular con las tormentas eléctricas y los relámpagos. Pero es el diamante, sobre cualquier otra piedra, el que tiene en Tibet la más alta consideración mística y ritual.

Un eminente médico tibetano, el doctor Lobsang Rapgay, sostiene que "la medicina tibetana fue probablemente el primer sistema integrado de antiguas ciencias curativas". Entre los siglos VII y X los reyes invitaron a médicos de China, India, Nepal, Persia y Grecia para que enseñaran en la escuela de Lhasa. Para entender lo que esto implica, es preciso recordar que la distancia entre las islas griegas y las montañas de los Himalayas apenas supera mil kilómetros en línea recta, y los contactos entre Grecia y Tibet eran mucho más intensos de lo que uno pudiera imaginar. Alejandro el Magno recorrió la región y se llevó de regreso a cientos de sabios orientales. Esos intercambios y aportes enriquecieron la tradición ayurvédica local.

Más tarde, el famoso médico tibetano Yutok Yonten Gonpo estableció los cuatro tantras médicos que se convertirían en la base principal de la medicina tibetana, y que integraron los aportes chinos, persas y griegos a una perspectiva filosófica y psicológica budista.

En pocas palabras, los orientales conocieron el pensamiento de Platón, tanto como los egipcios y griegos conocieron los de Lao Zi, el padre del taoísmo (el *camino*) y el Buda Shakyamuni.

Producto de un proceso de fusión y enriquecimiento entre diversas tradiciones, el budismo Vajrayana también es denominado Mantrayana por su sistemático empleo de mantras –las sílabas en sánscrito sagradas y propiciatorias (llamadas Ngak en tibetano)– o Tantrayana por su opción por el Tantra –en tibetano Gyud–, que es para unos el nombre con que se conocen las enseñanzas de Buda sobre el camino del Vajra, y para otros el tantrismo más moderno.

La connotación de Vajra es el Relámpago o el Diamante Indestructible. El relámpago por la fusión de los opuestos en una formidable demostración de fuerza de la naturaleza. El diamante por su calidad de indestructible, y su capacidad de cortar todas las sustancias. Ambos luminosos, como la luz de la sabiduría necesaria para cortar "la densa neblina de la ignorancia", producto de una errónea forma de pensar que discrimina y polariza todos los conceptos. Neblina que impide la realización superior de hombres y mujeres, hasta que se liberan de ella y alcanzan la tolerancia y la compasión.

EL ORÁCULO DEL MO

El MO pertenece a la tradición tántrica rica en rituales y prácticas mágicas, cuyo catálogo de sistemas de adivinación resulta amplísimo. Han sido tantos los medios de adivinación tibetanos a lo largo de siglos, que es casi imposible enlistarlos y describirlos. Dos oráculos son especialmente venerados: Nachun y Karma-sar. Pero son muchos, muchísimos. Algunos, como el MO, emplean dados. Otros usan huesos humanos y de animales, cuerdas que se anudan para obtener respuestas, espejos, piedras preciosas cuyos dibujos ofrecen vaticinios, fenómenos naturales como las nubes, el viento, la lluvia. También el canto y el vuelo de las aves. De igual manera, las tortugas que son un símbolo del Cosmos. Ni qué decir del recurso astrológico que en Tibet tiene conocimientos milenarios.

En Asia muchos eruditos consideran a la astrología como la mayor de todas las ciencias y al hombre como un microcosmos del macrocosmos, y, por ende, un producto de infinidad de influencias astrales y cósmicas, que plasman su perfil físico, psíquico y mental. La tradición tibetana asigna a Jam pal yang el conocimiento de ochenta y cuatro mil tratados astrológicos, divididos en cuatro aplicaciones: los seres humanos vivientes, los muertos, el matrimonio, y la astrología aplicada al suelo y la agricultura. Los textos legendarios afirman que el Gran Gurú Padmasambhava recibió directamente de Jam pal yang los magníficos conocimientos astrológicos que poseía, y que a su vez transmitió a la escuela tántrica. Para los asiáticos la astrología tiene tanta importancia, que en algunas regiones no se concibe tomar decisiones o efectuar labores cotidianas sin consultar a los astros.

En el MO destaca, además, lo valioso de sus componentes místicos, sus divinidades protectoras del *Cho* o *Dharma* –la doctrina de Buda que rige el oráculo–, y de la Du khor o *rueda del tiempo* en permanente movimiento. Y es Jam pal yang, la sagrada divinidad de la sabiduría, la que reúne en sí la sabiduría de todos los budas, el ser iluminado "cuya luz es la luz de todos los iluminados", el que está siempre presente en el MO como patrono tutelar, acompañado por otras deidades protectoras y budas iluminados.

Todo es belleza, todo es misticismo. Jam pal yang –"la Divina Sabiduría"–, a cuyo ritual se asignan grandes dones, es un excelente guía en el camino del *Cho*, otorga capacidad de retención a la memoria, perfección a la mente y elocuencia, habilidad para la magia y dominio sobre las fuerzas naturales. De acuerdo con la leyenda, fue un santo maestro chino iluminado quien, siguiendo una visión, viajó a las montañas de Nepal en busca de "la Llama Azul que brota de una flor de Loto", que es el símbolo del supremo Buda original. Halló el lugar previsto, pero en él había un inmenso lago y para drenar sus aguas tuvo que abrir de un tajo con su espada un canal en las montañas. El fondo del lago se secó, y recién después de eso pudo orar.

Fue así que en donde estuvo el lago surgió un hermoso valle, que no es otro que el valle de Katmandú, y su espada se encendió en llamas, las llamas perennes de la sabiduría. Es por esto que en Nepal se lo considera el fundador de la cultura nepalí. En gran parte de Oriente, con diferentes nombres, es la máxima divinidad de la sabiduría.

Éste es el escenario del MO, y hay que dejar que el MO hable por sí mismo. Lo escueto y elemental de un resumen te propone indagar y conocer un poco más, por aquello de que "cada quien es maestro de sí mismo". Son muchos los caminos transitables, y cada lector debe encontrar el suyo. Basta con un poco de sensibilidad y honestidad para abordar un sistema adivinatorio como éste, y descubrir paso a paso sus inmensas riquezas, dones y bendiciones. Si comenzamos estas líneas con algunas preguntas y respuestas, de tantas que surgen sobre la vida y las creencias tibetanas, fue para recordar que todo lo desconocido y diferente suele sorprendernos. El MO tiene eso: una profunda sabiduría y la capacidad de sorprendernos.

CAPÍTULO III.
EL RITUAL ESOTÉRICO DE JAM PAL YANG

Dijo el maestro: "El camino es más simple de lo que parece, recuerda que eres un caminante, un estudiante, un *trapahs*, invitado a recorrerlo. Disfruta la belleza de la senda, escucha la voz de tu conciencia, pon atención a los que saben un poco más, los *tul-kuh*, y llegarás sin cansarte a dormir entre los tuyos". Todos somos los hermanos legos (hl) que intentan aprender y comparten amorosamente lo que saben. "Si cualquiera toma la espada del guerrero, su hermosa, perfecta y afilada espada, y no sabe cómo usarla, es muy probable que se corte a sí mismo." ¿Qué hacer ante esa espada?... Ocurre otro tanto con el MO. El primer paso es lograr el "calor interno", el *tuhmó*, que te protege del frío y la intemperie, te da la tibieza que el ritual requiere, te pide una reflexión profunda, te alumbra y te guía. Piensa: ¿cuándo es que la espada –que todo lo corta–, no te corta?... Cuando te conviertes en espada. Lo mismo con el MO: se convierte en el MO.

El ritual de adivinación de Jam pal yang no es complicado. Es una brecha, la honesta reflexión inevitable, la que tarde o temprano nos confronta. Es el sendero de nosotros mismos. Si tu gurú te ayuda... ¡qué bueno! Si tu gurú te confunde... qué triste... ¡el que te dejes confundir! Recuerda que no todo lo que brilla es oro. Si no eres todavía tu propio maestro, al menos eres tu maestro en ciernes... Tuya es toda la responsabilidad, no la delegues, a nadie se la endoses. Es sólo tuya. No lo olvides.

El MO es una puerta mágica, esotérica, que nos invita a entrar a la casa de la sabiduría y la compasión. Para ello, es lógico alegrarse y prepararse como quien va a visitar a un ser querido, un buen amigo, un maestro respetado.

La consulta del MO exige acceder a un estado de paz y armonía preliminar, apertura mental y confianza, con la ayuda de una meditación budista o de cualquier oración piadosa, porque tiene el mismo valor moral hacer esa *purificación inicial* en otro credo. Al mismo tiempo, es valioso tomar en cuenta las tradicionales prácticas rituales tibetanas, y reproducirlas sin dramatización hasta donde sea posible y nuestros recursos lo permitan. El silencio resulta esencial porque ayuda a la introspección, tanto como evitar luces y ruidos que alteren un necesario *aquietamiento*. Es muy sencillo crear un ambiente místico adecuado –encendiendo velas e incienso–, como ofrendas a alguna estatuilla o imagen de Buda o Jam pal yang, o a cualquier otro símbolo inspirador de amor y tolerancia.

Entre los objetos rituales tibetanos más empleados, y más accesibles, destacan el Dorje y la Campana, que normalmente se emplean juntos. El Dorje, denominado Vajra por los hindúes, es un objeto de uso manual cuya forma recuerda dos coronas puntiagudas invertidas; en los rituales tántricos representa al relámpago y al diamante, dotados del poder de destruir las fuerzas malignas surgidas de la ignorancia. Su connotación principal es el método y la habilidad de vivir siguiendo las enseñanzas sobre la acción compasiva. Simboliza el principio masculino (recuerda al pene o *lingus*) y se sostiene con la mano derecha. Desde el momento en que tomas el Dorje en tu mano, no puedes mentir, sobre todo mentirte a ti mismo. A su vez, la Campana ritual, que se destaca por la pureza de su sonido y una prolongada vibración, simboliza el principio femenino (la boca de la campana tiene forma de vagina o *yoni*) y se sostiene con la mano izquierda. Su connotación es la sabiduría respecto a la verdadera naturaleza de la realidad (se pueden emplear campanas tibetanas construidas con la aleación de siete metales, o campanas españolas de plata cantábrica).

La consulta del MO no requiere forzosamente de objetos tibetanos, pero el que los tenga puede usarlos como un buen auxiliar. El empleo del Dorje y la Campana es muy recomendable, porque ambos simbolizan estados de conciencia, y en su interacción, en la perfecta unión de sabiduría y método, surge la iluminación. El sonido de la campana representa la perfección, y "la voz de Buda acompañado, a coro, por las voces de todas las divinidades y seres iluminados".

En caso necesario, este sonido claro y prolongado que ayuda al aquietamiento puede lograrse por otros medios, como el empleo de crótalos, o circulando con un dedo humedecido el borde de una fina copa de cristal.

Una vez que la meditación produce ese estado de aquietamiento y paz interior, es preciso emplear un Ngak o mantra, la llave mántrica que abre la generosa puerta del MO. Se trata de un breve recital, un necesario código de sílabas rituales, basado en el principio de que la voz humana es el mejor instrumento para producir sonidos capaces de lograr propósitos específicos. Esto no es un secreto: durante miles de años, las vibraciones creadas por una adecuada combinación de sonidos han demostrado su poder sobre los seres vivos y los objetos inanimados. Para comprender el alcance de esta afirmación, basta pensar un instante en nuestras reacciones psicológicas a los sonidos más diversos. Disfrutamos la música, mientras que el ruido nos atormenta.

Cuando los tibetanos dicen que "un Ngak puede perforar la roca", es porque lo comparan con el inevitable efecto de una perenne gota de agua, la repetición de esa nota que destruye un cristal, o el grito de guerra que moviliza a un ejército para entrar en combate.

No es extraño, entonces, que empleen mantras y nos enseñen sus dones para crear ánimos favorables a la curación, al desarrollo de la paz interior y a una serena reflexión que conduzca a una decisión correcta (la que a su vez genera buenos resultados prácticos), o para rechazar fuerzas negativas que todo destruyen.

En el ritual del MO es recomendable recitar dos Ngak. El primero es, sin duda, el más conocido y difundido de los mantras, e invoca la ayuda de Chen re zig –Avalokiteshvara en hindú–, el milagroso santo que encarna la compasión de todos los budas:

OM MANI PADME HUM

OM es un Ngak muy antiguo procedente de India y difundido por todo el continente asiático. Es una sílaba de solemne invocación, afirmación y bendición. Infinidad de libros y oraciones comienzan con ella. Es el símbolo monosilábico de la trimurti, la triple forma integrada por Brama, Vishnú y Shiva (creación, conservación y destrucción). Es la máxima referencia al orden universal. MANI quiere decir "la Joya", la piedra más preciosa, y se refiere a la doctrina budista, a la conciencia cósmica y a la ética de la compasión. PADME significa "en el Loto", la santa flor de Loto como representación del mundo que encierra la doctrina. HUM es una expresión de rechazo, un desafío a la ignorancia que bloquea la iluminación, y simboliza integración. Este Ngak, que equivale a decir "Viva la Joya en el Loto", constituye un valioso auxiliar para despejar la mente y concentrarse en lo trascendente, y puede recitarse tantas veces como se desee.

El mantra siguiente es el que corresponde a Jam pal yang, y es el que guarda las claves de este sistema adivinatorio. Lo rige el principio de la Sabiduría y está formado por siete sílabas:

OM AH RA PA TSA NA DHI

OM es la invocación y las cinco sílabas siguientes, AH RA PA TSA NA, corresponden a cada una de las *cinco familias* del panteón budista: la de Buda o el Tathagata, la de la Flor de Loto, la de la Piedra Preciosa, la de la Acción y el Karma, y la del Vajra. La séptima sílaba, DHI, representa a Jam pal yang y a la sabiduría trascendental de todos los budas.

La tradición propone que antes de tirar los dados numéricos, quien consulta debe retenerlos un momento en la mano para transmitirles la pregunta, luego respirar profundamente y alentarlos con una lenta exhalación que contiene el espíritu de los mantras recitados.

Al arrojar los dados, la aparición de las sílabas AH o DHI siempre trae ventura, y la repetición de una sílaba AH-AH, RA-RA; PA-PA, TSA-TSA, NA-NA, DHI-DHI suele ser propicia, mientras que las otras combinaciones establecen respuestas muy variables. En Tibet se emplean dados con los Ngak grabados, pero los dados comunes con números sirven igual, ya que hay una clave numérica para cada mantra.

AH equivale al 6

RA equivale al 2

PA equivale al 3

TSA equivale al 5

NA equivale al 4

DHI equivale al 1

Así, si al tirar dos dados numerados, o dos veces un mismo dado, sale, por ejemplo, 5-4, la combinación equivale a TSA-NA; 3-1 corresponde a PA-DHI, y 6-5 es igual a AH-TSA. Una vez que tenemos la clave mántrica, el paso siguiente es buscar la respuesta y leerla pausadamente para ingresar al profundo contenido de su mensaje. Cada respuesta nos hablará del mensaje que la preside, de:

- Nosotros y nuestros seres queridos (Vida, familia y afectos).

- Nuestros planes (Intención y proyectos).

- Nuestras relaciones (Amistad y riqueza).

- Nuestros opositores y contrincantes (Enemigos).

- Condiciones para viajar (Viajes).

- Nuestro estado de salud (Salud).

- La presencia y actividad de fuerzas negativas generadas por nosotros mismos (Espíritus malignos).

- Las condiciones favorables o desfavorables para el desarrollo espiritual (Prácticas espirituales).

- Cualquier cosa que está perdida (Lo perdido).
- Actividades de grupo o proyectos comunitarios (Tareas).
- Otros asuntos de diversa índole (Otros asuntos).
- Por último, un pensamiento que describe la respuesta (Resumen).

Si el que tira los dados, para sí o para otra persona o grupo de personas (presentes o ausentes), siente incertidumbre ante la respuesta, puede volverlos a tirar. Si acaso el mantra se repite exactamente, o si sale DHI-DHI (1-1), "la Sabiduría", esto significa que el MO confirma todo lo dicho. Por el contrario, si el mantra se invierte –supongamos que NA-RA (4-2) se convierte en RA-NA (2-4)–, la respuesta pierde fuerza y se admite una tercera tirada complementaria cuyo resultado debe ser interpretado en el contexto inicial.

Para compenetrarse con su contenido es conveniente leer y releer el MO de tanto en tanto, pero no es adecuado consultarlo a cada rato. Los tibetanos tienen por costumbre no consultarlo más de una vez al mes, ni menos de una vez cada tres meses, pero se puede alterar esta periodicidad si surge alguna situación muy especial que amerite una consulta inmediata. Finalmente, resulta muy útil registrar las fechas y respuestas del MO para cada persona, con el fin de disponer de algo así como una "historia clínica" individual, una bitácora esotérica.

Los dichos y refranes populares tibetanos incluidos al final del texto, forman parte del acervo de una sabia y alegre cultura milenaria, y junto con muchos otros son empleados cuando la gente se reúne a consultar el MO. Ellos los usan para responder a todo tipo de consultas en forma coloquial, con un lenguaje simple y contundente, y un mensaje que pertenece a la sabiduría colectiva. Son dichos cotidianos que ilustran sobre el humor y la psicología de un pueblo, y que nos invitan a meditar sobre sus valores, formas de trato y relación. Forman parte de lo que Carl Jung supo denominar como inconsciente colectivo. Su eventual aplicación a la lectura e interpretación del MO queda sujeta a la madurez e imaginación de cada persona.

Capítulo IV.
Los elementos
de cada Ngak (mantra)

El carácter de "PA": LA PURIFICACIÓN

PA son las venas.

- Su carácter es la concentración y la suavidad.
- Su símbolo es la luna creciente.
- Su labor es la paz y la purificación.
- Su elemento es el Agua.
- Su parte del cuerpo es la lengua.
- Su sentido es el gusto.
- Su cuerpo interior son los riñones y órganos reproductivos.
- Su esfera es la Tierra.
- Su género es femenino.
- Su dirección es el Sur.
- Su color es blanco.
- Su forma es un círculo.

El carácter de "RA": EL PODER DE LA MENTE

RA son los pensamientos y deseos de la mente.

- Su carácter es la sabiduría espiritual.

- Su símbolo es la luna menguante.
- Su labor es el ejercicio del poder.
- Su elemento es el Fuego.
- Su parte del cuerpo son los ojos.
- Su sentido son las formas.
- Su cuerpo interior son el corazón y el intestino delgado.
- Su esfera es el espacio entre la Tierra y el cielo.
- Su género es masculino.
- Su dirección es el Oeste.
- Su color es el rojo.
- Su forma es un triángulo.

EL CARÁCTER DE "NA":
LA PROSPERIDAD

NA es el cuerpo físico.

- Su carácter es la docilidad.
- Su símbolo es la luna creciente.
- Su labor son el incremento y enriquecimiento.
- Su elemento es la Tierra.

- Su parte del cuerpo es la nariz.

- Su sentido es el olfato.

- Su cuerpo interior son el estómago y la vesícula biliar.

- Su esfera es la Tierra.

- Su género es femenino.

- Su dirección es el Este.

- Su color es el amarillo.

- Su forma es el cuadrado.

EL CARÁCTER DE "TSA": LA COMUNICACIÓN

TSA es el aire que respiramos.

- Su carácter es la sabiduría.

- Su símbolo es la luna menguante.

- Su labor es el ejercicio de la fuerza.

- Su elemento es el Aire.

- Su parte del cuerpo es todo el cuerpo.

- Su sentido es el tacto.

- Su cuerpo interior es el hígado.

- Su esfera es el espacio entre la Tierra y el cielo.
- Su género es masculino.
- Su dirección es el Norte.
- Su color es el verde.
- Su forma es un semicírculo.

EL CARÁCTER DE "DHI":
LA PERFECCIÓN

DHI es la más alta sabiduría.

- Su carácter es la excelencia.
- Su símbolo es la violencia.
- Su labor es la perfección.
- Su elemento es la sabiduría trascendental.
- Su parte del cuerpo es la mente.
- Su sentido es el pensar.
- Su cuerpo interior es el semen.
- Su esfera es el cielo.
- Su género es hermafrodita.
- Su dirección es el Centro.

Ignacio González Janzen

- Su color es todo el espectro.

- Su forma es todas las formas.

**EL CARÁCTER DE "AH":
LA SANACIÓN**

AH es la sabiduría sanadora.

- Su carácter es la aplicación diversa.

- Su símbolo es la luna menguante.

- Su labor es la colaboración ilimitada.

- Su elemento es el espacio.

- Su parte del cuerpo es el oído.

- Su sentido es el de los sonidos.

- Su cuerpo interior son los pulmones y el intestino grueso.

- Su esfera es el cielo.

- Su género es hermafrodita.

- Su dirección es cualquier dirección.

- Su color es neutro o sin color propio.

- Su forma es la carencia de forma propia.

CAPÍTULO V.
LAS RESPUESTAS MÁNTRICAS DEL MO

Ignacio González Janzen

6-6 AH-AH	1.	"Un Inmaculado Cielo"
6-2 AH-RA	2.	"Los Ardientes Rayos del Sol"
6-3 AH-PA	3.	"Los Rayos de Néctar de la Luna"
6-5 AH-TSA	4.	"La Estrella muy Brillante"
6-4 AH-NA	5.	"La Tierra Firme y Dorada"
6-1 AH-DHI	6.	"El Sonido Mágico del Dorje"
2-6 RA-AH	7.	"La Luz que Brilla sin Viento"
2-2 RA-RA	8.	"Arrojando Mantequilla al Fuego"
2-3 RA-PA	9.	"El Dud de la Destrucción"
2-5 RA-TSA	10.	"El Dueño del Poder"
2-4 RA-NA	11.	"El Árbol Muerto"
2-1 RA-DHI	12.	"La Puerta de la Buena Visión"
3-6 PA-AH	13.	"La Vasija Repleta de Miel"
3-2 PA-RA	14.	"El Lago que se Seca"
3-3 PA-PA	15.	"Un Océano de Bienestar"
3-5 PA-TSA	16.	"El Dud de las Desgracias"
3-4 PA-NA	17.	"La Flor de Loto de la Sabiduría"
3-1 PA-DHI	18.	"El Camino Correcto"
5-6 TSA-AH	19.	"El Paraguas Blanco de la Fortuna"
5-2 TSA-RA	20.	"El Arma que Somete al Enemigo"
5-3 TSA-PA	21.	"La Carencia de Inteligencia"
5-5 TSA-TSA	22.	"La Bandera del Prestigio"

5-4 TSA-NA	23. "El Dud de lo que nos Atañe"
5-1 TSA-DHI	24. "El Árbol Generoso"
4-6 NA-AH	25. "La Firme Montaña Dorada"
4-2 NA-RA	26. "El Dud del Hijo del Cielo"
4-3 NA-PA	27. "La Vasija de Oro"
4-5 NA-TSA	28. "La Duna Desperdigada"
4-4 NA-NA	29. "La Residencia de la Bondad"
4-1 NA-DHI	30. "Un Tesoro de Realizaciones"
1-6 DHI-AH	31. "La Presencia de Jam pal yang"
1-2 DHI-RA	32. "El Maravilloso Nudo sin Fin"
1-3 DHI-PA	33. "El Brillante Pez Hembra"
1-5 DHI-TSA	34. "La Blanca Concha de la Fortuna"
1-4 DHI-NA	35. "La Rueda de la Prosperidad"
1-1 DHI-DHI	36. "La Preciosa Bandera de la Victoria"

Ignacio González Janzen

1. AH-AH: "UN INMACULADO CIELO"

Significado: El Inmaculado Cielo brillante anuncia uno de los mensajes más hermosos del MO: "Al igual que el firmamento tibetano es de una claridad purísima, inmensamente azul, así nuestra mente deberá purificarse y serenarse por completo", para alcanzar "el sonido del vacío", para poder transitar los caminos de la paz y la sabiduría. Los lagos de los Himalayas son como grandes espejos en los que se refleja el cosmos, y nos recuerdan que los ojos deben reflejar virtud y alegría.

Vida, familia y afectos: No existe amenaza alguna en contra de las cosas que son fundamentales en tu vida. Nada puede afectarlas. La inmensidad está en paz. La felicidad es como un regalo de la vida que embellece todo lo que toca con sus manos amorosas. "Es hora de que tus sentimientos más bellos suenen como un instrumento perfecto y sobrecogedor", y eso depende exclusivamente de ti. El sonido de largas cornetas (*dung chen*), crótalos, cuencos y campanas debe penetrar profundamente en tu espíritu y enriquecerlo sin medida. Pronto harás descubrimientos maravillosos.

Intención y proyectos: AH-AH es una predicción que te recuerda que tienes la posibilidad de eliminar todas las fuerzas oscuras y negativas que ronden tus espacios, y acabar con los malos presagios que se presenten. Debes recordar que todo proviene del pensamiento y que eres tú quien genera tu propio Karma[1] con sus efectos internos y externos. Trabaja en la limpieza de la mente como se limpia una hermosa casa. Si pules la serenidad como un espejo, su brillo desviará las saetas del huracán. Conviértete en espejo como los chamanes Bon que combaten a los demonios Dud. Confía en Buda y la negra noche llegará a su fin: todo será luz al amanecer. Lo que te hacía infeliz ha de concluir.

Amistad y riqueza: Lo que hoy te pertenece y está a tu lado, pronto dejará de estarlo. Todo cambia, todo se transforma. La vida es movimiento permanente y no debes anclar en medio del río; fluye, deja que la corriente te enseñe el camino. No intentes controlar, porque nada es controlable, y el que pretende controlar pierde su tiempo. No intentes retener, porque nada es para siempre, y ganarás con los cambios. Lo nuevo entierra a lo viejo, porque lo viejo ya enterró a lo más viejo, y lo más

---

1   Karma quiere decir "acción", y esta acción puede ser mental (la idea), verbal (la palabra) o física (la realización) y acarrea efectos positivos, negativos o neutros, según la intención sea virtuosa o no virtuosa. Si la acción es virtuosa sus resultados siempre son benéficos, y si no es virtuosa siempre provoca sufrimientos. También hay acciones neutras, que no generan ni una cosa ni la otra. Por ende, como cada uno es responsable de sus actos y sus resultados, debe atenerse a los efectos del Karma. Sólo un sincero y profundo arrepentimiento de nuestros actos no virtuosos puede ayudarnos a superar las consecuencias karmáticas que provocamos.

viejo a lo mucho más viejo. Si hay algo que quieres conservar, ofrécele flores al She rab kyi pha rol tu chin pai do (Prajnaparamita Sutra)[2] que te lleva de la mano a la sabiduría.

Enemigos: Ninguna presencia enemiga altera el sosiego. En tu paz nacen y se fortalecen la estabilidad y la quietud, pero evita, por todos los medios, alimentar las pequeñas diferencias que se pueden convertir en grandes controversias. Que ningún conflicto se convierta en bola de nieve rodando colina abajo. Muchas veces no logramos resolver diferencias amablemente, y por no saber discutir quedamos enfrascados en tontas batallas, absurdas, inútiles, que no conducen a nada, y que en el fondo ni siquiera deseábamos. Si en tu temperamento hay un legítimo vigor justiciero, guárdalo para usarlo frente al mal cuando sea el momento adecuado.

Viajes: Los jinetes amigos cabalgan protegidos por poderosas deidades y llegarán a su destino sin problemas. El clima es adecuado para el viaje y nadie se perderá en la neblina ni será arrastrado por los torrentes. Pronto conocerás compañeros muy confiables con los que podrás compartir presente y futuro. Alguien viene hacia ti con mucho de lo que has buscado en años recientes. El viajero de la luz te trae regalos maravillosos; prepárate para reci-

---

2   El She rab kyi pha rol tu chin pai do es un texto que trata sobre las enseñanzas de Buda relativas a la Sabiduría Perfecta.

birlo como se merece. Muévete con suavidad como el maestro que camina sobre papel de arroz. Vuela apacible y sereno, sin prisa, como las aves que juegan y disfrutan la brisa de la tarde.

Salud: Por haber cuidado tu cuerpo y tu espíritu no habrá que lamentar enfermedades. Ha mejorado tu salud y debes sentirte orgulloso de ello. Tu energía brilla satisfactoriamente. Tienes muchos años de vitalidad por delante y ésa será tu mayor riqueza.

Espíritus malignos: Permanecen a buena distancia, sin molestarte ni pretender hacerlo. La mejor protección la ofrece la sólida fortaleza de tu espíritu. Observa siempre, sin alterarte, qué es lo que en verdad ocurre, qué es lo que pertenece a la realidad. Observa con mucha atención: no te dejes confundir por la mente, por los prejuicios, por nuestros pequeños o grandes temores. Recuerda: el miedo siembra confusión, y la confusión aturde y ciega.

Prácticas espirituales: No te estancas, ni retrocedes, sino todo lo contrario: superas tus debilidades y tendencias negativas, corriges tus faltas, te perfeccionas y purificas. Poco a poco dejas atrás debilidades que te han hecho perder mucho tiempo, que te robaron la paz y la tranquilidad necesarias para enriquecer el espíritu. Debes vencer tus inquietudes y arrebatos, sobre todo la implosión que te saca "de sí". Evita las estampidas y los aludes interiores. Tu meditación debe tornarse cada vez más profunda.

Con decisión y voluntad puedes transitar el sendero de la iluminación. El compromiso con la rectitud y la compasión te abre enormes perspectivas.

Objetos perdidos: Para hallarlo busca en las inmediaciones de donde lo perdiste. En caso contrario, es probable que ya no logres encontrarlo. Recuerda que recuperar algo perdido no siempre es la mejor alternativa. Si se fue... déjalo ir (si debe regresar, regresará, y si no, no era para ti). No te apegues, porque tarde o temprano, cada cual halla lo que le corresponde.

Tareas: No hay certidumbre. Hay probabilidades a favor y en contra. De ti depende. No te apresures. Estudia cuidadosamente la situación, y con una negociación adecuada y un poco de paciencia puedes lograr tus objetivos. El trabajo colectivo requiere desarrollar el arte de sumar voluntades. Respeta la otrosidad y el carácter peculiar de cada quien, y tus socios harán lo mismo contigo.

Otros asuntos: Esta predicción te favorece y todas las situaciones que te inquietan pueden resolverse positivamente. No debes preocuparte más de lo necesario, ni temer un revés. Para asegurar el éxito de tus iniciativas debes meditar sobre tus objetivos y la acción necesaria para lograrlos. Será bueno que te encomiendes de corazón a Dorje sempa (Vajrasattva)[3] porque trae ventura adoptarla como

---

3 Dorje sempa es una deidad tántrica. Representa el nivel más alto de iluminación. Al meditar en ella nos purificamos y superamos nuestras faltas y debilidades.

una deidad principal y ofrecerle oraciones y ofrendas. Busca la luz, no te alejes de la luz.

Resumen: Un Inmaculado Cielo se conoce como "el que concede ausencia de miedo", el que deshace temores, el que libera, el que nos conduce a la purificación y la luz. Nos anuncia que el terreno está fértil para nuestra labor, y podemos sembrar.

2. AH-RA: "Los Ardientes Rayos del Sol"

Significado: Luminosidad, brillo, claridad. Este mensaje anuncia una época propicia para la purificación y el logro de buenos resultados gracias a una nueva visión de la vida. Amanece: concluye la oscura noche que impedía ver los caminos que transitabas. Es preciso evitar la confusión cueste lo que cueste. El primer paso es superar el veneno de la ignorancia, que nos arroja a la arrogancia y trae la furia. Con la mente en paz y equilibrio comienza a redescubrir cosas olvidadas, intuye cosas nuevas y positivas, deja atrás dudas y temores. Libérate de los apegos. Una armoniosa época de logros te proyectará hacia algo nuevo y muy satisfactorio.

Vida, familia y afectos: Con realismo y virtud todo es posible. Cuando logres un mayor nivel espiritual, podrás superar las debilidades que suelen malograr tus acciones. Evita actuar intempestivamente. Si te muestras prudente y sincero, tu gente alabará tu conducta y todo será armonía. No confundas la atracción sexual con el amor, porque el amor es un don de alma. Sacraliza el sexo y elévalo a su divino altar. El verdadero regocijo proviene de una admirable combinación de sentimientos producidos por un afecto sincero. Respeta a todos los seres que te rodean y sé muy prudente y amoroso en tus relaciones y vínculos.

Intención y proyectos: Si se logra definir metas claras y concretas, y se trabaja en ellas con tesón, los resultados serán muy exitosos. Es muy importante aterrizar las propuestas teóricas y actuar sin vacilaciones: analiza, define y procede con empeño. Si no hay acción no hay nada, pero asegúrate de actuar correctamente.

Amistad y riqueza: El brillo de un alma pura, y una mente abierta y bien dispuesta, contribuyen a la creación de amistades sólidas y duraderas. Donde hay unión y trabajo aumenta la riqueza. Convierte tus amistades en baluartes indestructibles. Evita que la arrogancia pueda minar tus relaciones. Entre los peores enemigos de la amistad figuran el egotismo y el engaño, cuídate de ellos como de cruzar un puente en ruinas. Respeta el "fair play" (juego limpio) y todos te respetarán a ti.

Enemigos: Puedes despreocuparte porque no hay poderosos enemigos en tus territorios. Tampoco conspiradores, ni renegados, ni traidores. Sin embargo, no permitas que el herrumbre de tus propios errores arruine el filo de tu acerada espada. Confía en tus tropas y en tus buenos aliados. Premia a los más leales y valientes de tus colaboradores. Las palabras clave son: *firmeza y confianza.*

Viajes: Tus amigos están en camino y pronto tendrás buenas noticias de ellos. Se acercan a destino sin contratiempos, trayendo regalos valiosos. Todos los viajes bien planeados concluyen de forma satisfactoria.

Salud: Si te preocupan algunas afecciones, puedes confiar en que pronto concluirán. Si es posible, toma baños de sol desnudo, no desatiendas la calidad de tus alimentos, evita consumir toxinas, sé moderado en lo que bebas.

Espíritus malignos: Si te rodeas de luz, los espíritus arteros no se meterán contigo. Ellos no soportan la confrontación en un territorio inadecuado. Los falsos sacerdotes y las brujas malolientes molestan y molestan porque no saben qué hacer con sus vidas vacías. Ellos forman la liga del mal y son destructivos, pero el castigo de los perversos es ahogarse en su propia sangre, y tarde o temprano eso sucede.

Prácticas espirituales: Toda la energía que le dediques al desarrollo espiritual y a crecer y madurar se verá multiplicada en la vida cotidiana, en los sucesos simples o complejos de todos los días. Al cultivar sabiduría y claridad obtendrás lo que requiere el siempre inquieto corazón para abordar bellas emociones. La paz, contemplación y meditación te darán equilibrio y ayudarán en la senda de la armonía y felicidad.

Objetos perdidos: Pronto recibirás información de lo que está perdido, y si lo buscas al suroeste de donde lo extraviaste es muy probable que lo halles. Si es algo importante para ti, no lo veas como "algo perdido" sino como algo en tránsito. Hay que saber esperar: muchas definiciones se demoran hasta que llega su momento. Lo que es tuyo volverá a ti.

Tareas: Pronto verás la luz y tendrás una respuesta muy precisa, porque la luz está en ti y la respuesta será tan clara como ella. Los que tienen que participar serán atraídos por tu aura. Ellos llegarán. Todo se hará.

Otros asuntos: En lo general esta predicción es positiva y todos tus asuntos se resolverán favorablemente. Sin embargo, en lo particular, debes ser prudente con todo lo que se refiere a la tierra, y nuestros puntos de apoyo materiales, para poder mantenerte correctamente equilibrado. Ésta es una época en la que debes confiar en la inmensa sabiduría de Jam pal yang (Manjushri)[4], y es conveniente que le hagas ofrendas para expresar tu reconocimiento. Puedes construir una pequeña estupa y caminar en torno de ella orando.

Resumen: Los ardientes rayos del sol también se conocen como "el camino de la sabiduría que lleva al abandono de la oscuridad".

3. AH-PA: "Los Rayos de Néctar de la Luna"[5]

Significado: La luna, como un brillante espejo redondo que ilumina el cielo, otorga claridad y beneficio a todas las cosas que hacemos con afán de virtud, amor y paz. Es el espejo de nuestro planeta, y en él podemos vernos y encontrarnos. Si somos bondadosos, la luna nos bendice con el néctar de sus rayos bondadosos. Ella nos asegura el goce de los

---

4   Jam pal yang es el Buda que reúne la sabiduría de todos los Budas, y es el patrono del MO que acompaña tu consulta de este sistema de adivinación tibetano.

5   Drol kar es una manifestación de Drol ma jang gu (Tara Verde), una Bodhisattva femenina, compasiva y salvadora, muy popular y venerada en Tibet. Suele representarse en distintos colores, porque con ellos se acentúa alguna de sus modalidades: el más frecuente de todos es el verde que marca su carácter salvador, mientras que el blanco remite a la paz que otorga longevidad.

sentidos y todo aquello que nutre nuestro espíritu, nos alimenta, nos permite crecer. Ella nos nutre en todo sentido. En donde hay claridad hay bienestar y, por el contrario, en donde hay oscuridad es muy fácil caer en la confusión y los sufrimientos que la acompañan. Recuerda, siempre, que en donde hay furia y odio todos los caminos conducen al desastre. Ármate de valor y evita las confrontaciones.

Vida, familia y afectos: Es preciso cuidar los vínculos imperecederos (nuestro círculo de sangre), porque su maltrato trae desgracia. Recuerda que las relaciones suelen concluir, mientras los vínculos nos acompañan de por vida. Debemos desarticular el resentimiento que pueda surgir entre padres, hijos, hermanos y cónyuges con quienes tengamos hijos. Es una época propicia para la bendición (el buen decir), la compasión y el perdón. Todo estará bien. Es probable que el abdomen de las mujeres crezca como la luna y aumente la familia. Es muy probable que bajo su influjo nuevas voces de niños se escuchen en las casas. Purifícate y protege a los tuyos con rituales de lavado que te quiten cualquier impureza, y te sentirás libre de todo mal.

Intención y proyectos: Tus actividades deben ser suaves como la lana de las ovejas y frescas como los copos de nieve. Relájate, cierra los ojos, conviértete en tierna caricia, incluso para con el enemigo más acérrimo. Evita lo brusco y estridente. Controla tu cólera por más justificada que parezca, y los

estallidos de furia, porque ella actúa como un veneno capaz de acabar contigo. No te enojes: el que
se enoja pierde. Di lo que tengas que decir, pero sin
agravios, sin herir a nadie. Con una actitud mo-
derada y prudente lograrás mejores resultados que
actuando en forma intempestiva.

Amistad y riqueza: La luna tiene vigor fertilizante
y nutritivo; si trabajas para merecerlo, no te faltarán alimentos y provisiones. Nada te faltará. La
luna nos pone en contacto con la Gran Madre y
ella es la que da la vida y la sustenta. Éste es un
mensaje que, sorprendentemente, se vincula con el
placer de alimentar y alimentarse, y disfrutar de la
buena cocina. El color blanco de la luna purifica y
trae ventura: podrás concretar tus proyectos y disfrutar tus logros.

Enemigos: Ningún enemigo real te amenaza,
hay suficiente claridad y nadie puede esconderse
para emboscarte. La luz no es propicia para las
emboscadas. Sin embargo, no olvides que el mejor
guerrero es el que evita una guerra, y en caso de un
enfrentamiento inevitable, la mejor estrategia consiste siempre en someter y desarmar al enemigo,
y no en destrozarlo y humillarlo. Evita caer en la
tentación de arrasar con tus oponentes: basta con
desarmar sus intenciones.

Viajes: Todo lo relativo a viajes y visitas se con-
cretará sin problemas. Es un buen momento para

viajes de descanso o de estudio. Si decides partir, deja instrucciones para que en tu ausencia, tu gente reciba a los viajeros que lleguen a tu casa en la misma forma en que quieras que otros te reciban. Piensa y actúa con reciprocidad y te llenarás de dones.

Salud: La predicción es favorable. Si hay algo que sanar y te empeñas en sanar, sin duda lo lograrás. Tienes el vigor necesario para superar aspectos negativos que minan tu salud y el momento es propicio. Cuida tu cuerpo como un templo valioso en el que se refugia esta vida.

Espíritus malignos: No te molestarán mientras te mantengas alejado de la oscuridad y guiado por tus espíritus protectores. Tu gran tarea es impedir que tus lados oscuros se apoderen de tu mente y te dominen. Donde hay luz no hay amenaza, porque el temor no tiene dónde crecer. El temor pertenece a estadios de inseguridad y la inseguridad es un producto de la mente.

Prácticas espirituales: Todo ojo aumenta bajo el influjo de la luna, que ofrece la posibilidad de fortalecer la mente y afianzar la virtud. Puedes crecer cuanto quieras crecer, y superar todas las aparentes limitaciones que te propongas superar. Invierte en tu propia realización para elevarte sobre tus propias sombras. Por el camino luminoso de la sabiduría aumenta tu capacidad de crecer y fortalecer tu espíritu, hasta un punto que hoy ni siquiera vislumbras.

Objetos perdidos: Traza una línea con la dirección Norte-Sur y busca en ese rumbo. Una mujer te ayudará a encontrar lo que has extraviado, y muy pronto estará la decisión en tus manos.

Tareas: Todo lo que está pendiente se realizará con provecho. Habrá nuevos logros y alcanzarás tus metas. Asegúrate de que nada de lo que te propones sea perjudicial para alguien. Verás venir en tu apoyo a todos aquellos a los que brindaste apoyo, a todos aquellos en los que generaste confianza, los que confían en tu liderazgo.

Otros asuntos: Como la luna nutre a la mujer, todo lo que se relaciona con mujeres y labores femeninas, así como acciones moderadas, sutiles y amistosas, tendrá buen resultado. Es la época de lo apacible, lo sereno, la suavidad. Por el contrario, lo relacionado con el poder y la fuerza, con el fuego, con la violencia, no concluirá favorablemente. Puedes defender lo que legítimamente te corresponda, pero evita a como dé lugar confrontaciones estériles. Intenta convencer en lugar de vencer. Confíate a espíritus compasivos como Drol kar (Tara Blanca) para que te otorgue felicidad y longevidad, y realiza ofrendas con agua. El agua limpia incluso las manchas más difíciles de quitar. Ofrece oración a las deidades femeninas que benefician este ciclo, y emplea el color blanco en tu vestimenta y en la decoración de tu casa y arneses de trabajo.

Resumen: Iluminadas por la luna "brillan las nubes que traen ventura". El que hace de la compasión un compromiso, se beneficia de sus propios actos. Evita los riesgos de cualquier tipo de confrontación.

4. AH-TSA: "LA ESTRELLA MUY BRILLANTE"

Significado: La persistencia trae ventura. Cuando entre los astros surge una estrella muy brillante, con seguridad tiene la misión de iluminar nuestro entorno, así como de proponerte firmeza, perseverancia y fidelidad para proteger los logros ya alcanzados. A veces parece muy distante, inalcanzable, pero siempre está mucho más cerca de lo que parece. Esta adivinación te recuerda que debes evitar la confusión, la dispersión, el desorden. Cuando la mente está agitada hay inconstancia y todo es voluble, mientras que un espíritu en paz nos asegura continuidad y crecimiento. Será preciso convertir la tensión en atención, y practicar sin descanso todo aquello que nos ayude a vivir

serenamente. No tomes decisiones apresuradas;
adopta la quietud y mansedumbre de la montaña.
Domina la ansiedad, y refúgiate en la inacción.
Observa y aguarda el momento propicio para actuar. Vela tus armas.

Vínculos primarios: Si pones virtud y comprensión en tus acciones y relaciones, y orientas tu espíritu a meditar y a orar a tus deidades, tu círculo de afectos estará muy protegido y serás feliz. Si recuerdas que eres tu propio maestro e inviertes todo el tiempo necesario en la educación de tu mente, no surgirán conflictos que tengas que lamentar. Todo llega en su momento, y lo que es para ti llegará a mediano plazo. Permanece en vigilia esperando la temporada de la cosecha.

Intención y proyectos: Detrás de la aparente quietud del universo todo está en movimiento, en sutil pero permanente movimiento, y esta predicción te propone tomar plena conciencia de esa animación, ese impulso fundamental y maravilloso. Aguarda a que todas las fuerzas del cosmos estén en conjunción y proyecten tus iniciativas en la dirección correcta. En este periodo de calma refuerza lo que ya existe, lo que tienes y debes cuidar. El éxito acompañará todas las actividades que impliquen moverse suavemente, casi imperceptiblemente, en tu trayectoria. No debes cambiar de dirección, mucho menos aventurarte por senderos desconocidos. El rumbo adoptado es correcto: persiste.

Amistad y riqueza: Si aprendes a dar-te sin esperar premio ni retribución algunos, muy pronto rebosarán tus graneros y bodegas. Es muy frecuente desear que los otros actúen con reciprocidad cuando los beneficiamos de alguna forma; que nos devuelvan bien por bien, afecto por afecto; que pongan la balanza en equilibrio. Ése es un deseo comprensible, pero debemos tomar en cuenta que el que da se enriquece mucho más que el que recibe. Por ello, si hay devolución, qué bueno; si hay reciprocidad, qué bueno, y si no hay ni devolución ni reciprocidad, no hay que lamentarse: el retorno llega sin aviso. La verdadera riqueza es la amistad. Hay quienes son mucho más ricos en amistades de lo que suponen, porque sus conductas no pasaron inadvertidas, y eso es invaluable. Alégrate: con amigos buenos y leales nada te faltará.

Enemigos: Es conveniente que permanezcas en paz sin alejarte del territorio que legítimamente te pertenece: tu tierra, tu casa, tu estupa. Si haces eso estarás siempre a salvo. Pero mantén a tus fieles vigías atentos en lo alto de las torres de observación, para evitar cualquier ataque por sorpresa. Cuando la virtud y la prudencia van de la mano, no hay nada que temer.

Viajes: Es una buena época para viajes cortos, encuentros y actividad comercial. Habrá fiestas y recibirás muchas visitas con obsequios, regalos de todo tipo, cartas con noticias. Pero no te equivoques: en esta época el andar de un lado a otro puede provocar gran dispersión, y eso te distrae y aleja de las realizaciones esenciales. Busca y adopta un punto de equilibrio que te permita consolidar tu casa y trabajar la tierra.

Salud: Es posible que tus inquietudes, como remolinos de aire, provoquen algunas afecciones circulatorias o respiratorias, pero nada grave. Es muy importante cuidar el sistema respiratorio. Igualmente, es recomendable cuidar la armonía de la mente, evitar tornados cerebrales que arrasan con todo a su paso, para que las sacudidas emocionales no se reflejen en el cuerpo. No olvides que el cuerpo es el cuaderno en el que escribimos nuestra historia personal.

Espíritus malignos: Pese a que no te están molestando, puedes atraerlos si no reduces tu ansiedad y turbación. No permitas que la inquietud cause estragos. Evita estar pensando negativamente y creando problemas que no son tales. Recuerda que no hay muralla más sólida que la serenidad. Recobra la tranquilidad y ellos no se acercarán. Carga tu catapulta con rocas de sosiego y verás alejarse a esos espíritus camorreros y bravucones. No te dejes provocar por los demonios buscapleitos.

Prácticas espirituales: Es un buen momento para trabajar en el crecimiento personal, aumentar la capacidad de comprensión de la otrosidad y también de la compasión. Aprovecha estos días de vigilia para hacer ofrendas a los ancestros y agradecerles por los dones recibidos. Fortalece tu paciencia y tolerancia, y descubrirás que son las amas fundamentales de la sabiduría. Coloca hoy algunos Lung ta[6] en las cumbres cercanas, para que la brisa eleve tus oraciones al cielo.

Objetos perdidos: Todo indica que alguna persona tomó lo que es tuyo, pero será posible recuperarlo buscando al Norte de donde lo viste por última vez. Si atrapas al ladrón no le cortes las manos, porque las necesitará para desenterrar lo que robó...

Tareas: Si trabajas la constancia, lo que has previsto se cumplirá. Los que tienen que llegar van a llegar, ésa es una ley que siempre se cumple si el proyecto es sólido. Los involucrados pondrán lo mejor de su parte en la obra.

Otros asuntos: No permitas que te atemoricen las dificultades. Más o menos a la vista u ocultas siempre hay dificultades, y se presentan para que las superemos. Ni te aceleres ni te detengas; sigue tu camino impasible y con tenacidad, confiando en la perseverancia, y todo llegará por añadidura.

---

6 Los Lung ta son banderines tradicionales de oración, también llamados "caballos de viento", que se hacen con tiras de tela en las que se escriben oraciones para agradecer o pedir la protección de deidades; también es benéfico escribir los mantras de esas deidades. Se colocan en las torres, los techos, y al borde de los caminos en las cumbres más altas, para que el viento los agite y lleve sus mensajes al cielo.

Es una época difícil para ciertas actividades, sobre todo comerciales, pero es favorable para atender tus rebaños, rotular la tierra y reparar los techos. Cuida tus propiedades para evitar cualquier deterioro. Puedes confiar en Drol ma jang gu (Tara Verde)[7] y pedirle a "la salvadora" que concurra en tu ayuda. Haz rituales de velas y de incienso a los dioses y a los espíritus protectores, y ellos estarán a tu lado para que no te falte comprensión y fortaleza.

Resumen: La estrella muy brillante todo lo ilumina, pero también "incrementa las corrientes de energía que forman turbulencias en el espacio"; por ello habrá luz cortando la oscuridad, pero es preciso actuar con pies de plomo, mucha cautela e inteligencia.

5. AH-NA: "LA TIERRA FIRME Y DORADA"

Significado: La quietud. Permanecer en lo inmutable, y evitar cambios que alteren las bases de tu vida, de tu familia y de tu trabajo. Cuando la tierra

---

7 Drol ma jang gu (Tara Verde) es una Bodhisattva femenina, compasiva y salvadora, muy popular y venerada en Tibet en sus diversas manifestaciones.

es buena y está bien irrigada, no hay razón para que las cosechas sean mediocres. La característica del mensaje AH-NA es que no ofrece respuestas muy precisas, por lo que lo más prudente y recomendable es no innovar. Esperar sin desesperar.

Vida, familia y afectos: Cuídate de no alterar la estabilidad y el equilibrio que disfrutas, porque nada prospera en el desorden y el alboroto. Ya es suficiente que tus actos sean honestos y generosos, y sirvan para mantener las relaciones como están. Es positivo no agitar las emociones y provocar resentimientos, ni modificar los vínculos familiares y comunitarios. Tu casa y tu aldea son la base primordial para vivir en paz.

Intención y proyectos: Es peligroso cabalgar en medio de la oscuridad, mucho más si te aventuras en territorios desconocidos. No te alejes de tu lugar, ni de tu gente, ni de tus labores, para asegurarte el apoyo que puedas necesitar y ofrecer respaldo y protección a tus vecinos. Espera una época más propicia para hacer cambios o tomar iniciativas. En esta época no vendas ni compres bienes, ni tampoco adquieras obligaciones o pidas préstamos.

Amistad y riqueza: Por el momento no tendrás novedades, pero son buenos los pronósticos. En el futuro aumentarán tus bienes; sin embargo, no dejes que ellos te sometan y confundan: no existe riqueza mayor que la espiritual. Nadie disfruta tesoros en el cementerio (ni siquiera el sepulturero).

Enemigos: Si acaso los hubiera, están muy lejos y no representan un peligro. No existen motivos de preocupación. Tus herreros pueden dedicarse a fabricar más arados que espadas y garrotes.

Viajes: No habrá visitas durante este periodo. Vendrán en el futuro, y cuando ocurra no tendrán contratiempos.

Salud: Presta atención a ciertas afecciones en el sistema respiratorio. Si fumas, ya deja de fumar. Por el momento son sólo molestias, pero con el tiempo el tabaquismo causa daños mayores. Si te lo propones sanarás.

Espíritus malignos: No hay motivos para que te estorben, no les temas. Son como roedores alimentándose de culpas putrefactas. Recuerda siempre que nuestros miedos están ligados a nuestras viejas acciones no virtuosas, y podemos liberarnos de ellos identificando los errores que cometimos para poder arrepentirnos. Intenta aprender de las experiencias negativas para eliminarlas del armero.

Prácticas espirituales: Es muy buena época para la purificación, y para aquietar la mente. Tendrás éxito si incorporas disciplinas como la meditación, el yoga, el Chi Kun, el Tai Chi, etcétera. Estudia filosofía, no sólo para ampliar tu cultura, sino sobre todo para aprovechar la orientación de valiosos maestros.

Objetos perdidos: Hay posibilidades de que sea hallado, pero esto debería ocurrir muy pronto porque si no, será mucho más difícil. El tiempo a veces soluciona situaciones y a veces las dificulta, lo que implica que hay que analizar caso por caso.

Tareas: Ahora todo está detenido, demorado, en espera, y no está claro cuándo volverán las actividades a su ritmo normal. Aprende a esperar sin irritarte, y prepara el buen camino por el que vas a transitar.

Otros asuntos: Algunas actividades, sobre todo las de preservación, darán buenos resultados. Sin embargo, todo indica que hay que esperar sin inquietarse. La lectura de textos budistas te ayudará a superar esta etapa de inmovilidad. Aprovecha este periodo para desarrollar una gran paciencia, que te permita actuar positivamente. Recuerda que todo está en tus manos y que si actúas con virtud tarde o temprano lograrás todas tus metas. Es recomendable que hagas un ritual Cha sum cho ga (Ritual de Tres Partes)[8] para conjurar dificultades.

Resumen: A veces la mejor acción es la inacción. "Esperar en tu propio territorio los acontecimientos trae ventura." Aguarda el amanecer y todo se verá diáfano.

---

8 El Cha sum cho ga es un ritual tántrico que se emplea para purificar una casa, un terreno, un taller o cualquier otro espacio que sirva para vivir o trabajar.

Significado: El sonido del Dorje (Vajra)[9] marca la hora del Dorje theg pa (Vajrayana),[10] que en la tradición tántrica es el método budista empleado para alcanzar un elevado nivel de liberación y conciencia, la iluminación total. Anuncia paz y felicidad al amparo del poderoso Dorje sempa (Vajrasattva),[11] deidad que nos ayuda a purificar la mente y a incrementar la inteligencia. Esta predicción vaticina un periodo muy propicio para el estudio y la maduración intelectual y espiritual.

---

9 El Dorje es un bello objeto ritual con diversos atributos y significados simbólicos. Está formado por dos coronas invertidas unidas por una empuñadura, y su tamaño es muy variable (entre 10 y 30 centímetros). Es considerado "indestructible", como el diamante que corta cualquier cosa pero resiste todo. Es el símbolo máximo del "camino" del Dorje , y representa los pasos a seguir en el tránsito hacia la iluminación total.

10 El Dorje theg pa es el método o "camino" budista tántrico empleado para alcanzar la iluminación. Se basa en discursos de Buda que incluyen rituales esotéricos como la visión de deidades, preparación de mandalas o residencias sagradas, meditación con mantras, ejercicios de yoga, etcétera, y cuya denominación global es Dorje theg pa gyud (Tantras Vajrayana).

11 La Dorje sempa es una deidad "purificadora" que representa el nivel más alto posible de iluminación en la tradición tántrica. Se la invoca para limpiar la mente, vencer las limitaciones propias y superarse.

74 **Vida, familia y afectos:** Es un excelente momento para limpiar la mente e iniciar un profundo trabajo espiritual que te conceda abundante sabiduría. Con ello no sólo obtendrás un valioso enriquecimiento personal, sino también mucho respeto y reconocimiento entre los tuyos, y habrá una sensible mejora en todas tus relaciones. Te sentirás como un hombre nuevo y te verán como tal.

Intención y proyectos: Al contar con mucha autoridad moral e intelectual, podrás realizar viejos y nuevos proyectos sin dificultad. Podrás abordar temas que tienes pendientes y asuntos que quedaron sin resolver. Sin embargo, será muy importante que actúes con humildad y trates con respeto a tus subordinados. Toma en cuenta que es condición humana aferrarse al pasado, y ten presente que muchas personas no piensan como tú. Admite la pluralidad de criterios y trabaja para aclarar y aproximar.

Amistad y riqueza: Lo más probable es que logres tus objetivos y puedas disfrutar una larga temporada de éxito y felicidad. Si tu inteligencia te otorga poder, convierte ese poder en liderazgo. Si la sabiduría hace que te distingas en la comunidad, cumple a cabalidad con las responsabilidades que eso implica.

Enemigos: Cuentas con la protección de poderosas deidades que mantienen alejados a los posi-

Ignacio González Janzen

bles enemigos. Cultiva siempre la negociación y la ahimsa¹² para vivir en paz, y tus hijos crecerán sin peligros. Los grandes guerreros son siempre recordados por la historia, pero nunca tanto como los gobernantes que forjaron la prosperidad y la felicidad de sus pueblos. Con el tiempo las fortalezas y las grandes murallas se convierten en monumentos silenciosos, mientras los preceptos y las leyes sabias se hacen oír a lo largo de los siglos.

Viajes: Los caminos están en muy buenas condiciones. Todos aquellos que viajan para llegar de visita a tu casa, tendrán un viaje apacible, cómodo y sin contratiempo alguno. Es una época adecuada para paseos y excursiones, y también puedes planificar recorridos comerciales. Adonde llegues te precederá tu prestigio y serás bienvenido.

Salud: Porque tu cuerpo está bien cuidado y tu mente está en equilibrio, no padecerás enfermedad ni afección alguna.

Espíritus malignos: El sonido del dorje aturde y disuelve a los demonios oscuros que nos rondan, en particular a la maldad, la codicia y la mentira. Con el favor de Dorje sempa y todos los dioses, que han formado un cerco protector a tu alrededor, no sufrirás la más mínima molestia.

---

12 Ahimsa es el nombre tibetano para la no violencia, que propone la resolución de todos los conflictos por medios pacíficos.

Prácticas espirituales: Trabaja en las meditaciones del Dorje para que aumente tu inteligencia, y practica rituales de agradecimiento por ello. La inteligencia es como un árbol de la vida en el que anidan las más hermosas aves: todas las virtudes hijas de la compasión.

Objetos perdidos: Hallarás lo que hayas perdido en el pasado que todavía te pertenezca y te sea de verdadera utilidad. Pero, además, en esta época seguramente no lamentarás grandes pérdidas. Ni siquiera resentirás la muerte de seres queridos como una pérdida, porque tu sabiduría te permite ver la muerte como parte del camino.

Tareas: Todo se realizará como está previsto y con buenos resultados. Tu prestigio traerá más voluntarios y colaboradores de los que necesitas, lo que permitirá escoger a los más aptos.

Otros asuntos: En un periodo tan rico espiritualmente se dan condiciones adecuadas para que cualquier empresa resulte exitosa. Hay armonía como para sentir fuerza y estabilidad. Jam pal yang (Manjushri)[13] aporta su gran sabiduría para tu enriquecimiento y te guía. Como el género de AH-DHI es neutro, esta predicción es igual para hombres y mujeres, y a ambos les conviene mejo-

---

13 Jam pal yang es el Buda que reúne la sabiduría de todos los Budas, y es el patrono del MO que acompaña tu consulta de este sistema de adivinación tibetano.

rar la polaridad de sus relaciones. Es conveniente agradecer a los dioses la protección y el aumento que te ofrecen en estos días, y ello se puede hacer con oraciones, rituales, construcción de estupas y grabado de sutras en los peñascos y grandes rocas junto a los caminos (todo lo que sirva para difundir la doctrina).

Resumen: Las ideas de sabiduría, prudencia y aquietamiento son el eje central del Dorje, que sostiene que "como los suaves movimientos de la garza, así se ha de expandir nuestra inteligencia" en estos días.

7. RA-AH: "LA LUZ QUE BRILLA SIN VIENTO"

Significado: En el momento menos esperado llega una brillante claridad a la mente y ello va a permitir decisiones prudentes y sabias, así como un desempeño equilibrado, liberador y creativo. La armonía comenzará a manifestarse en casi todos los aspectos esenciales de la vida. Gracias a tu trabajo y compromiso, el presente y el futuro se vaticinan prósperos, exitosos. Destacarás en tus tareas cotidianas profesionales, así como en la forma de relacionarte con la gente. No dejes de cultivar el amor y la compasión, que son las más hermosas entre las virtudes y siempre ayudan a alcanzar la armonía y la felicidad.

Vida, familia y afectos: Si meditas y aprovechas la luz de la inteligencia, serán buenos los frutos de tus decisiones. Tienes una sólida y estimulante bonanza por delante, pero depende de ti. Deja atrás el pasado: ya pasó. No guardes rencor ni resentimientos ni a los peores enemigos porque cada uno de ellos teje su mortaja. Deja que la vida haga justicia. Camina hacia delante sin prisa, lentamente, paso a paso.

Intención y proyectos: Es buen momento para hacer planes y pensar en nuevos proyectos, porque tu mente no se confundirá. Pero no hagas planes más grandes que el cauce del río Amarillo, ni intentes contener los deshielos del verano. Sin premura podrás discernir con claridad los aspectos positivos y negativos antes de actuar. Cuando sientas ganas de correr pregúntate ¿qué prisa tengo? Camina seguro y el éxito también será seguro.

Amistad y riqueza: Por el momento no hay problemas que no puedas resolver, pero debes siempre tomar en cuenta todos los factores que intervienen en una relación. Elige cuidadosamente socios y colaboradores. Aléjate de las personas que causan daño; es bueno perdonar y olvidar. Si actúas con honestidad, ecuanimidad y benevolencia, los resultados serán positivos.

Enemigos: Existen... (tal vez tú los creaste), pero están muy lejos y no hay peligro de que te perjudiquen. Lo más probable es que ya no haya lucha. Sin embargo, nunca está de más hacerles saber que concluyó el conflicto, que no tienes nada en contra de ellos, y que estás dispuesto a evitar enfrentamientos. Si una batalla resulta inevitable, despliega tanta inteligencia como valor, y prepara la defensa y el ataque con el mismo sigilo.

Viajes: Permanece en tu territorio hasta que hayas resuelto todos los problemas pendientes. No te expongas innecesariamente. Por el momento, si viajas no lo hagas sin una adecuada escolta de guerreros leales. En cuanto a otros viajeros amigos, los caminos están bien despejados y seguramente los visitantes llegarán sin problemas.

Salud: Hay problemas de salud que no sanarán si no les dedicas atención y aplicas mucha disciplina a los tratamientos adecuados. Si un familiar enfermo crea preocupación, no dejes de brindarle tus cuidados y ayudarlo a obtener los medicamentos que necesite.

Espíritus malignos: Ellos rondan tu casa porque todavía no has resuelto algunas situaciones del pasado. Saben que tienes un flanco vulnerable e intentan causarte molestias de todo tipo. Pueden molestarte si arrastras situaciones negativas indefinidamente. Corta por lo sano con los vínculos remanentes que provocaron sufrimiento moral, y arrepiéntete de tus errores.

Prácticas espirituales: Realiza un buen trabajo espiritual, en la profundidad de tu corazón; el momento es muy adecuado. Son recomendables los rituales de fuego, y también los de enterramiento y liberación. Limpia tu casa y todo lo que te rodea. Te conviene poner caballos de viento con un mensaje de paz: es hora de orar y meditar para purificarte. Una vez que te liberes de las sombras negras del pasado, todo será luminoso.

Objetos perdidos: Lo puedes hallar si buscas en dirección suroeste de donde desapareció. Pero, primero, elimina toda confusión para asegurarte de no ir a buscar algo que no es bueno que regrese a tus manos. Asegúrate de no llevar a tu casa un cachorro de hiena que al rato va a crecer.

Tareas: La época es adecuada y contarás con aliados para concretar las labores que tienes pendientes. Todo saldrá bien y será provechoso si se hace mansamente, sin violencia, con la suavidad con que nadan las mantarrayas.

Otros asuntos: En general no tendrás inconvenientes y podrás hacer lo que quieras, pero no seas imprudente ni vanidoso. Te conviene invocar a Rig ched ma (en sánscrito Kurukulli),[14] la deidad feme-

---

14 Rig ched ma es una deidad que domina muchas energías.

nina de la fuerza, para que te proteja e impida que te afecten los asuntos más conflictivos. Atención: todavía hay problemas sin resolver y heridas sin cicatrizar. Evita combates innecesarios usando el poder de la inteligencia. Descarta la violencia y vencerás. Es conveniente que cumplas tareas de tipo solidario y comunitario para reforzar tu buen nombre: ayuda hoy a quienes te necesitan, para que mañana ellos te apoyen y protejan.

Resumen: Todo será fructífero si cortas con el pasado, te purificas, y asumes tus responsabilidades, ya que nadie hará por ti lo que te corresponde. Retoma el camino de la virtud personal y el bien común.

8. RA-RA: "ARROJANDO MANTEQUILLA AL FUEGO"

Significado: Dominio, fuerza (fortaleza), vigor. Bajo los auspicios de un signo fuerte y muy activo, todo lo relacionado con el poder resulta exitoso. Tendrás la posibilidad de someter a quienes te amenacen o te ataquen, y ponerlos a tus órdenes. Si necesitaras combatir en una guerra no provocada e inevitable, tendrás la fuerza necesaria para librar cada batalla y vencer. Estás bien armado y pertrechado, y tus fuerzas son considerables, pero no confundas la "capacidad para vencer" con la "sed de victoria". El verdadero poder reside en hacer el bien a todos, y ser el principal promotor de paz y respeto entre las tribus y naciones.

Vida, familia y afectos: Los que te rodean y sirven se verán beneficiados por tu fuerza. Tendrás éxito en tus asuntos personales e impondrás tus criterios, siempre que te mantengas con firmeza y coherencia en una posición correcta. En particular a nivel familiar y de clan, no sirve vencer porque el triunfo suele ser una fábrica de rencores. Es preciso convencer mediante una paciente labor de esclarecimiento, para que aquellos que permanecen en la oscuridad puedan liberarse de ella y te respeten como un querido maestro.

Intenciones y proyectos: El éxito y "el vencer" están en tu ciclo y nada se interpone en tu camino. Podrás gozar la realización de tus planes. Será conveniente actuar con prudencia para que no rebases tus objetivos. Comprende que tu fuerza principal reside en no emplear tu fuerza, porque resulta más que suficiente ser fuerte. Deja que todo se alinee con la quietud de las montañas y ella hará su trabajo. Ten presente, también, que las poderosas fuerzas que te favorecen no deben emplearse nunca para el mal ya que en ese caso se revertirán.

Amistad y riqueza: Es un buen momento para reforzar vínculos. Practicar rituales con fuego, así como encender velas y emplear el color rojo en tus adornos, será benéfico. Si tomas un botín de guerra, nunca dejes a los vencidos sin cobijo y alimentos, porque desesperados volverán a guerrear, pero agradecidos se marcharán para no volver.

Enemigos: Si lo consideras inevitable puedes iniciar una ofensiva contra tus enemigos. Ellos no representan un gran peligro, pero si les haces la guerra los vencerás. Sin embargo, pregúntate si están realmente agotadas todas las vías pacíficas, y si no hay mejores medios para lograr los mismos objetivos. Puedes presentar tus tropas en formación de batalla, y con ello desanimar a tus enemigos.

Viajes: Los caminos están bien vigilados y pueden recorrerse sin temor, no existen amenazas para los viajeros. Puedes desplazarte con seguridad de una región a otra, al igual que tus enviados.

Salud: En general tendrás buena salud y fortaleza, pero si surgieran enfermedades cardiacas, purifica tu sangre mediante rituales y adecuada atención médica. Recuerda que la sangre es un vínculo con la vida, y que cuando la vida se atora la sangre no fluye bien. Evita comer grasas que forman tapones en las venas. Tu aspecto más débil es el inmunológico.

Espíritus malignos: La fuerza de ciertas deidades violentas puede invertirse en tu perjuicio, por lo que te conviene ser prudente. Hay espíritus oscuros atentos a tus actividades, esperando que cometas errores para molestarte. Un aspecto importante para desarmar a los espíritus malignos es evitar la confusión y los apegos que ofuscan y confunden. Cuando olvidamos los terribles efectos de los Tres Venenos caemos al fondo de un gran remolino del cual es muy difícil escapar. Es conveniente hacer rituales de protección para liberarse de la ignorancia, la confusión y la furia, que forjan obsesiones y resentimientos.

Prácticas espirituales: Es necesario que demuestres que sabes emplear el poder y la fuerza, y para ello te ayudará orar a fin de fortalecer un auténtico camino de virtud. No sueltes tus fuerzas como perros de guerra, sino todo lo contrario: haz uso de tu fuerza para el bien, la justicia y la concordia. Que tu espada arda y su flama despeje las sombras de la noche, para que tengas visiones luminosas que alimenten tu corazón con el espíritu de la compasión.

Objeto perdido: Será hallado si persistes en un camino correcto para descubrir su paradero. Está oculto en la fronda de un bosque cuyos árboles parecen guardias de un ejército, pero no lo son. Visualiza el territorio y escoge el rumbo que te dicte el corazón, avanza lentamente, y mira en todas direcciones para tener una visión correcta. Al penetrar en el bosque poco a poco te aproximarás a lo perdido.

Tareas: Podrás concretarlas en forma rápida y efectiva, y para ello tendrás el apoyo de tus seguidores y amigos. Si has trazado un plan de trabajo bien pensado y organizado, no lo modifiques. Labora con tesón y todo saldrá bien.

Otros asuntos: Debes cuidarte de todo aquello que choca frontalmente con tu fuerza, evitando una colisión directa. No te confíes al filo de tu espada, sino a la inteligencia que la guía. En lo relacionado con el agua, con todo lo que fluye, no olvides que hasta los ríos se secan al final del verano. Siempre hay un principio y un final. Las tradicionales deidades del poder, como Dod pai gyal po (Takkiiraja)[15] concurrirán en tu apoyo si las invocas y honras con tu oración.

Resumen: La fuerza y el poder incrementan la alegría de vivir, al grado de que todo parece una fiesta, pero fácilmente crean confusión. Es esencial administrarlas con enorme prudencia.

9. RA-PA: "EL DUD DE LA DESTRUCCIÓN"

Significado: El Señor de la Muerte se hace presente y vaticina que todo podría ser destrucción, muer-

---

15 Dod pai gyal po pertenece al trío de deidades tántricas conocido como Las Tres Deidades Rojas, junto a Rig ched ma (Kurukulli) y Tshok dak (Ganapati), las cuales detentan poder, fuerza y control de energía.

te, problemas y fracasos. Si observamos deteni-
damente el escenario, lo que vemos es desolador.
Es muy probable que la falta de virtud haya pro-
vocado situaciones negativas, difíciles de revertir.
Sin una acción muy bien pensada para modificar
un cuadro tan negativo, cualquier iniciativa que
se emprenda podría terminar en un desastre. Hay
que alejarse: abandonar todo lo que sea innecesa-
rio, marcharse. Permanecer en un territorio bajo el
influjo de este demonio sólo traerá graves problemas. Hay que generar cambios profundos y radica-
les que arrasen con todo lo que no sirve.

Vida, familia y afectos: Surgirán problemas de
todo tipo y la gente se enfrentará entre sí. Cuando
la cólera y el resentimiento se hacen presentes, la
muerte ronda los hogares. Habrá peleas y rupturas
gravísimas. Piensa cuáles fueron los errores que pu-
dieron provocar estas lamentables circunstancias.
Ofrece comida sagrada (preparada con cebada) a
aquellas deidades violentas cuya protección puede
reducir efectos muy negativos y perjudiciales.

Intención y proyectos: Nada que hagas en esta
época concluirá favorablemente. No es el momento adecuado para ninguna innovación, nuevos
proyectos, iniciativas o labores que distraigan tus
fuerzas. Es preciso postergar cualquier emprendi-
miento que tengas en mente, que no se relacione
con la gran tarea de restablecer la armonía im-

prescindible. No hay nada en este momento más importante que corregir esta situación.

Amistad y riqueza: Te sentirás muy solo al enfrentar diversos contratiempos, porque nadie concurrirá en tu auxilio, ni tendrás aliados para enfrentar tus problemas. No esperes ayuda externa porque no llegará. Tal vez haya quien te dé consejos, pero no ayuda. Asume la responsabilidad que te corresponda y actúa positivamente, con el valor y la determinación que harán falta.

Enemigos: Tal vez no los veas, pero hay enemigos emboscados muy cerca esperando el momento oportuno para atacarte. Es muy probable que se produzca una batalla importante que ponga fin a una era de agrias disputas. No te expongas a un combate frontal porque por ahora careces de las fuerzas necesarias. Mejor prepara una defensa adecuada, concentrando todas tus fuerzas y preparando a todos tus guerreros. Considera la posibilidad de que algunos de tus hombres te traicionen y colaboren con el enemigo. Es probable que surjan renegados. Evita cometer el más mínimo error, porque en este campo de batalla no habrá una segunda oportunidad.

Viajes: Es mal momento para realizar viajes o desplazarse fuera del solar propio. Echa pie a tierra para defender inteligentemente tu territorio. Permanece en lugar seguro para hacerte fuerte, y aguarda los resultados de tu propia acción reordenadora. Es hora de corregir lo que haya que corregir y, sobre todo, de proteger tu capitanía. No hay que moverse hacia fuera, sino hacia dentro. Es necesario "esperar a que pase el aguacero".

Salud: Los enfermos están en grave peligro de muerte. Será preciso recurrir a los mejores médicos y a la sanación espiritual, para neutralizar la causa y sus efectos. Todo el problema tiene que ver con una herida que se infectó y gangrenó sin ser atendida en su momento como era necesario. Si es preciso habrá que amputar el miembro podrido y maloliente.

Espíritus malignos: Los hay y están en intensa actividad. Son muchos y muy activos. Intenta identificar el origen de esta situación, que tiene que ver con "algo que pasó por tu vida como ráfaga gélida". Si te equivocaste y actuaste en forma negativa, practica el verdadero arrepentimiento. Refúgiate al amparo de deidades como Drol ma jang gu (Tara Verde)[16] y realiza un Ched drol[17] para recuperar la libertad de tu espíritu.

---

16 Drol ma jang gu es una Bodhisattva femenina compasiva y salvadora, muy popular y venerada en Tibet. Suele representarse en distintos colores, porque con ellos se acentúa alguna de sus modalidades: el más frecuente de todos es el verde que marca su carácter salvador, mientras el blanco remite a la longevidad.

17 El Ched drol es un Ritual de Liberación para acabar con la sujeción de una persona a fuerzas o entidades malignas, que le afectan debido a sus propios errores.

Prácticas espirituales: Pese a las dificultades, que serán inevitables, debes orar y efectuar todo tipo de rituales y ofrendas para contrarrestar la acción de las fuerzas negativas. Concéntrate en hacer lo necesario para modificar esta situación. Emplea las limpias de eliminación del mal que te ayuden a romper la jaula en que te tienen atrapado.

Objetos perdidos: Ya es tarde, será imposible recuperar cualquier cosa que se haya perdido. Acepta que lo que se fue no volverá jamás. Mira hacia delante, sólo hacia adelante. Aléjate de los lebreles entrenados para matar.

Tareas: Será mejor desistir, porque cuando hay malas condiciones el fracaso es casi inevitable. No pierdas tiempo imaginando soluciones mágicas que no podrás realizar. En estas horas difíciles no te distraigas en asuntos irrelevantes, y pon tu esfuerzo en donde realmente tiene que estar. La tarea principal es defender la comarca amenazada.

Otros asuntos: Sólo lo negativo y reprochable puede ser exitoso. Lo que implique virtud y una actitud correcta, costará mucho trabajo. Habrá problemas de distinto tipo, y no encontrarás soluciones fáciles. No pierdas el tiempo preocupándote por lo que no puedes remediar e invierte toda tu energía al servicio de lo que sí puedes cambiar. Sólo centrado en una acción impecable podrás salir adelante y revertir un panorama tan negativo.

Resumen: Es "la hora de la destrucción y la muerte", por lo que hay que prever que sucedan muchas calamidades. Sólo de ti depende acabar con una situación nefasta.

10. RA-TSA: "EL DUEÑO DEL PODER"

Significado: Este vaticinio se conoce como "el rugido de los animales salvajes", y se vincula al poder, la fuerza, la capacidad de expansión. Todo lo que representa vitalidad está presente. Anuncia que la persona que consultó el MO tendrá mucho vigor y energía, por lo que "podrá hacer lo que quiera exitosamente". Es un buen momento para emplear todos nuestros recursos con inteligencia, y actuando con serenidad y seguridad avanzar hacia las metas que nos proponemos. Muchos lo consideran el tiempo de la marcha triunfal. Sin embargo, este oráculo advierte que "del buen empleo de una oportunidad favorable dependen sus resultados últimos", por lo que es preciso que los objetivos y los medios sean correctos y bien intencionados. No es poder para el mal, sino poder para el bien.

Vida, familia y afectos: Gracias a tus propias acciones, todas tus posesiones se incrementarán y tendrás buena fortuna. La gente que te rodea se enriquecerá, logrará sus objetivos y te lo agradecerá. Tus relaciones serán intensas y agitadas, pero positivas. Tus familiares, amigos y vecinos verán en ti al guía social y espiritual a quien hay que agradecer la prosperidad.

Intención y proyectos: Puedes hacer lo que quieras y, puesto que dispones del poder necesario, tus proyectos serán fructíferos. Es un momento excelente. Sin embargo, no olvides el proceso en que todo surge, existe, y luego desaparece, hasta volver a surgir, en ciclos consecutivos; por tanto, no hay que tener apego, ni desapego. No cargues en tu morral nada inútil que sólo es peso muerto. Libérate de cualquier tipo de grilletes y vuela desnudo como los ángeles. Imagina que tienes alas en los tobillos y que tus pies alados te llevan a cualquier parte.

Amistad y riqueza: Todo crece a tu alrededor como si fuera muy natural, porque tienes la fuerza que te permite impulsar grandes iniciativas. Abraza la justicia sin olvidar la compasión. Comparte tu harina con los necesitados. Si te dedicas al comercio y tus bolsas rebosan, regálate el don de regalar.

Enemigos: Vencerás a cualquier enemigo que intente agredirte, porque tu fuerza es casi ilimitada. Sin embargo, no confundas fuerza con violencia, ni poder con intimidación. Si un loco te desafía no lo castigues; más bien, apiádate de él y dale gracias a la vida por tener la sabiduría que a él le falta. Como cuentas con recursos suficiente, si requieres comprar un poco de tranquilidad con regalos, no dudes en hacerlo, porque siempre hay tiempo para guerrear. Si es posible, mantén tu espada en su vaina.

Viajes: No habrá ninguna dificultad mayor y los visitantes llegarán en perfectas condiciones, traerán objetos valiosos y buenas noticias. Un mensajero será portador de la antorcha que anuncie un nuevo amanecer. Buenas nuevas. Te contarán cosas que te harán muy feliz y te pondrán muy contento.

Salud: No hay nada que temer. Si tienes alguna afección pronto sanarás. No consultes a un nutriólogo: conviértete en nutriólogo y hazte caso.

Espíritus malignos: Dado que estás en una posición correcta, no hay ahora espíritus malignos molestando. Te protegen diversas deidades, excelentes custodios, a los que debes agradecer con Cho me,[18] oraciones, velas, flores e incienso de jazmín.

Prácticas espirituales: Éste es un buen momento para encarar cualquier tipo de prácticas, en particular la veneración de deidades poderosas, a las que normalmente se pide vigor y dominio. Apro-

---

18 Cho me es el nombre tibetano para las velas de grasa o mantequilla.

vecha esta oportunidad para crecer, para avanzar,
para aproximarte a la luz. Abre los portones de
tu fortaleza de manera que se convierta en una
escuela y templo para difundir las enseñanzas de
Buda.

Objetos perdidos: Recuperarás por la fuerza lo
que hayas perdido. No obstante, entiende la idea
de fuerza como mucho poder y poca violencia,
como vigor y valor en el buen camino.

Tareas: Tus acciones están bien encaminadas y
con el apoyo de los dioses se realizarán todas las
tareas previstas. No desistas; emplea toda tu paciencia, la ciencia de la paz. Los colaboradores que
esperas llegarán y traerán a sus hermanos dispuestos a ayudar. La obra se terminará a tiempo.

Otros asuntos: Mediante la asidua práctica del
Kangso[19] te sentirás capaz de encarar cualquier situación que se presente, y la llevarás a cabo con
éxito. Esta predicción indica que, ya que estás muy
protegido, puedes hacer muchas cosas que en otros
momentos serían inconcebibles. Nada se interpondrá entre tus deseos y su realización.

Resumen: Es "la hora en que crece el poder y la
fuerza, y todo saldrá bien".

---

19 Kangso, conjunto de rituales para los Protectores del Cho
(Dharma) que reúne las enseñanzas del Buda.

11. RA-NA: "EL ÁRBOL MUERTO"

Significado: Esta predicción, también conocida como "La mente afligida" o "El apego a lo muerto", se vincula con los Dud (Mara),[20] fuerzas negativas de diverso origen que traban el camino del espíritu y atormentan la mente. Cuidado: la aflicción hace mucho daño y desgasta nuestros pilares más sólidos. Anuncia una situación muy negativa porque las preocupaciones y tristezas nos bloquean y despojan de las ganas de vivir, hasta hacernos parecer "un tronco seco que ya no da frutos". Muchas veces las personas se dan por vencidas y se resignan ante las dificultades, y sus vidas se apagan lentamente. Estos factores negativos que disgregan pueden actuar gracias a nuestros propios errores y debilidades, y sólo pueden ser rechazados mediante una acción que movilice todo nuestro potencial positivo.

Vida, familia y afectos: La desmoralización y el derrotismo reducen la confianza y la comunica-

---

20 Dud es la denominación tibetana para las cuatro fuerzas negativas que perturban la mente, y que según su origen pueden ser internas o externas. Ellas son: la de la muerte o la no aceptación de la muerte, la de todo lo que nos afecta en lo personal, la de las aflicciones o tristezas, y las de "el hijo del cielo" o congojas de amor. Estos demonios son, en definitiva, los que no nos dejan vivir en paz.

ción con los seres queridos, y ello va minando las relaciones personales. Aun cuando no surjan graves conflictos afectivos, existe una marcada tendencia a alejarse y con ello se disuelven poco a poco los vínculos primarios. Todas las relaciones de la persona afectada parecen sufrir las dentelladas de crueles roedores. Cuando esto ocurre es preciso preguntarse ¿qué ha pasado?, ¿cómo he llegado a esta situación?, para ponerse a trabajar en seguida y cambiar un curso equivocado.

Intención y proyectos: Será muy difícil alcanzar el éxito en proyectos nuevos, porque no hay fuerza creativa ni productiva, ya que la mente está distraída en cosas que la afligen. Cuando fuertes obsesiones se apoderan del individuo, lo más importante es detectar el origen de ese encadenamiento para modificar la situación. Sólo tras lograr un equilibrio adecuado de la energía habrá condiciones para desbloquear el camino y retomar la marcha.

Amistad y riqueza: El panorama es negativo. Lo normal es que las relaciones desatendidas se malogren. Será muy poco lo que se puede cosechar en un campo árido sin irrigación ni cuidados. Como ocurre cuando abandonamos un solar, habrá que volver a limpiar el terreno, quitar lo que no sirve, reparar los daños y preparar almácigos nuevos.

Enemigos: Hay algunos enemigos rondando, pero no son peligrosos. Recuerda que el enemigo principal es, siempre, nuestra propia ignorancia. La confusión nos lleva al temor y el miedo amplifica los ánimos perturbados, de forma que la sombra de un ratón nos hace ver un dinosaurio amenazador.

Viajes: Los caminos son ahora peligrosos y difíciles de transitar, por lo que conviene y es prudente permanecer junto al acogedor fuego del hogar. Quienes se aventuren por los caminos, es previsible que afronten problemas y lleguen extenuados.

Salud: Es muy posible que las preocupaciones te provoquen afecciones hepáticas, porque el hígado es la caja de resonancia de preocupaciones y enojos; sin embargo, sanarás.

Espíritus malignos: Los demonios están aprovechando tus viejas deudas para molestarte. Saben que estás fuertemente amarrado a un viejo muelle que no te deja levar anclas y navegar en libertad, y se divierten sembrando inquietudes. Ya llegó la hora de liberarte de la nostalgia por el pasado y por tu relación con personas fallecidas. El pasado es eso, pasado, y los muertos están muertos (no hay muertos a medias). Mientras haya sufrimiento en tu mente, los espíritus malignos abusarán de tu debilidad.

Prácticas espirituales: Es fundamental que restablezcas la tranquilidad de tu alma; para ello puedes invocar a Od zar chen ma (Marichi)[21] pidiendo que te ayude a vencer a los demonios de la congoja. De igual forma, es importante estudiar las Cuatro Nobles Verdades budistas, que tratan del sufrimiento, su origen, el cese del sufrimiento y cómo lograrlo. El camino está ahí... ¡tómalo!

Objetos perdidos: Es casi seguro que no lo encontrarás, puesto que fue robado y llevado lejos de tu casa. Si dejas de darle importancia a lo perdido, recuperarás mucho de tu tranquilidad.

Tareas: No es un momento propicio. No hay ánimo suficiente para movilizar las energías necesarias para impulsar viejos proyectos pendientes. Espera a que llegue el momento adecuado, y cuando eso ocurra adopta planes futuristas. No des un paso atrás.

Otros asuntos: Mientras subsista esta situación no esperes resultados positivos. Ni en lo personal podrás sentirte satisfecho y feliz, ni en lo material obtendrás lo que deseas, si tu propia insatisfacción sigue siendo el principal impedimento. Como existe un mantra apropiado para repeler a los Dud, que es el Dud tsar chod pai zung,[22] recítalo tantas veces como sea necesario para aplacar tu mente.

---

21 Od zar chen ma es una deidad a la que se invoca para vencer el miedo y la inseguridad.

22 Dud tsar chod pai zung es el nombre del mantra con el que es posible contrarrestar a los demonios Dud.

En tus manos está acabar con esta situación que tú has creado.

Resumen: La aflicción puede acabar contigo, si tú no acabas con ella y recuperas la tranquilidad espiritual. Procura centrarte en liberarte de este encadenamiento.

12. RA-DHI: "LA PUERTA DE LA BUENA VISIÓN"

Significado: Se te conceden los dones de la virtud y la sabiduría, con los cuales puedes disfrutar de una era de crecimiento y prosperidad. Buenos auspicios están a tu favor y puedes hacer cosas nuevas que hasta ahora nunca intentaste. Podrás contar con el reconocimiento, apoyo y lealtad de la gente que forma parte de tu entorno. Tu círculo primario es sólido y confiable. Aprende a esperar la hora precisa: nada llega antes de tiempo. Es propicio tomar todas las medidas necesarias para mantenerse en el "justo medio", actuando con moderación y sin ningún tipo de excesos. Habrá mucha luz en tu camino.

Vida, familia y afectos: Tu casa recibirá abundantes bendiciones, paz y tranquilidad. Tus seres queridos vivirán en armonía y alegría, libres de los demonios del pasado, lo que te dará felicidad.

Sentirás las suaves brisas del amor y el goce de la pasión, y en tu vejez disfrutarás los dones de la sabiduría.

Intención y proyectos: Tus planes se han de realizar paulatinamente, incrementando tu fortuna y prestigio. Recorre paso a paso tu camino, con paso firme y confianza en el rumbo correcto. Recibirás toda la ayuda necesaria para llevar adelante tus planes, pero será bueno evitar las desmesuras. No te involucres en proyectos faraónicos. Intenta no sobredimensionar las situaciones para verlas en su tamaño real. Aunque siempre hay diferentes formas de ver las cosas, la única verdad es la realidad.

Amistad y riqueza: Una conducta virtuosa trae ventura y una mente sabia podrá guiar a los demás hacia el éxito. Si te centras en tu tarea, todo saldrá bien. Pronto verás los abundantes frutos de una actitud honesta y productiva. Tendrás numerosos amigos dispuestos a trabajar bajo tu dirección. Cuida los recursos que inviertes en tus obras y evita el despilfarro.

Enemigos: No los hay. Se cuidan muy bien de no desafiar la fuerza de tu prestigio y la decidida lealtad de tus guerreros. Sus ataques y escaramuzas son como patadas de ahogado. A la larga no lograrán vencer tus sólidas murallas, ni interrumpir siquiera el canto alegre de tus tropas. Ante la adversidad, nunca pierdas el rumbo y la esperanza. Confía en que en el largo plazo todo se acomodará como es correcto. Ninguna injusticia se impondrá para siempre, ninguna mentira se impondrá para siempre, la maldad no triunfará para siempre. La luz derrotará a las tinieblas. Todo será reparación.

Viajes: La tranquilidad imperante facilita los viajes y los caminos están en buen estado para el comercio. Los extranjeros verán pasar numerosas caravanas de mercaderes cargados de riquezas, quienes traerán buenas noticias. No hay de qué preocuparse.

Salud: Entre los tuyos hay algunos enfermos, pero brindándoles cuidados y acompañándolos en sus oraciones y rituales, sanarán. Es conveniente una buena alimentación: lo insuficiente produce debilidad, y lo excesivo causa trastornos. Evita todo lo que intoxica el cuerpo. Comprométete con la salud física y espiritual.

Espíritus malignos: Ellos conocen tus virtudes y saben que molestarte actualmente es una pérdida de tiempo. Se mantienen a distancia. Pueden rondar y fastidiar, pero sin alterar el sólido equilibrio presente. Déjalos que se aburran buscando una rendija por dónde colarse.

Prácticas espirituales: Todas las iniciativas dirigidas a la purificación y el desarrollo de virtudes serán exitosas. Has de ser compasivo, incansablemente compasivo. Los frutos de lo compasivo pueden ser lentos, pero acaban por aflorar con toda su belleza. Si recorres el camino correcto, nunca desesperes ni te rindas y verás excelentes resultados. Supérate a ti mismo: puedes hacerlo y debes hacerlo. Nunca te arrepentirás de los esfuerzos invertidos en tu crecimiento.

Objetos perdidos: Pronto lo encontrarás, porque lo perdido sigue siendo tuyo. Busca hacia el sur del sitio donde lo viste por última vez. Procura armarte de infinita paciencia, todo llegará en su momento y habrá paz y armonía entre los justos.

Tareas: Gracias a una acción correcta y bien dirigida todas se cumplirán sin contratiempos y serán beneficiosas para ti y para tus colaboradores. Espera sin desesperar, no hay plazo que no se cumpla. El trabajo producirá excelentes frutos y habrá mucho que repartir entre todos.

Otros asuntos: Nada se interpondrá en tus labores y en general tu vida se verá sobradamente enriquecida. Mantén el buen rumbo que te has fijado y todo saldrá bien. No renuncies a la lucha por lo que es correcto, tarde o temprano alcanzarás tus objetivos. Puedes invocar en tu apoyo a Nod jin (Yamantaka)[23] para que te proteja de todas las tentaciones y te conceda "un poco más de humildad

---

23 Nod jin es nuestra guía tántrica Jam pal yang (Manjushri) que reúne la sabiduría de todos los Budas, en su manifestación enfurecida contra todos aquellos demonios que intentan alterar las prácticas virtuosas. Los que mal actúan nunca triunfarán.

cada día". No confundas autoestima y respeto con simple orgullo.

Resumen: La virtud y la sabiduría son como buenos amigos, los cuales siempre están a tu lado y te ayudan con una recomendación o un consejo adecuado. Confía en el rumbo correcto y aprende a esperar sin ansiedad. La paciencia vence a la ansiedad.

13. PA-AH: "LA VASIJA REPLETA DE MIEL"

Significado: Es el mensaje por excelencia de la paz, la concordia y el bienestar que "semejan la inmortalidad". Para aquellos a quienes va dirigido este mensaje, se inicia una era de intensa purificación, en la que "la calma y la bondad fluyen como néctar de una vasija maravillosa". Sombras y dificultades quedan atrás y se pierden en el pasado, como un recuerdo rico de enseñanzas. En un ambiente de mansedumbre, las relaciones y el trabajo traen alegría y prosperidad. Es un momento excelente para reforzar la ética como norma de conducta, con la firme intención de hacer el bien y no perjudicar a nadie, y así avanzar hacia un nivel superior de respeto y tolerancia que conduce a la sabiduría. En el Kangyur[24] hallarás lo necesario para aprovechar esta oportunidad.

Vida, familia y afectos: Reunidos como un solo manojo de espigas todos los familiares contribuyen a una vida feliz. La familia es como el centro de un molino que produce alimentos para todos. No habrá que lamentar duros conflictos ni disensiones, y si surgen se resolverán fácilmente. Nacerán muchos niños sanos en donde hay parejas jóvenes.

Intención y proyectos: La situación es propicia para promover iniciativas productivas y comerciales. Gracias a la previsión y al trabajo, no faltarán alimentos, bebidas, vestido o calzado. Tus esfuerzos se recompensan con creces. Es un momento adecuado para mejorar los caminos, hacer acequias y construir puentes.

Amistad y riqueza: Descubrirás que tienes más amigos de los que creías, porque ellos vendrán a buscarte e invitarte a sus fiestas. Es una buena época para visitar amigos distantes. Nada te faltará, y podrás almacenar abundantes cereales para el invierno. Disfrutarás lo que has producido y preservado.

Enemigos: Como impera un espíritu pacífico, hay concordia entre todos los pueblos de la región.

---

24 Kangyur es el nombre del compendio que reúne todas las enseñanzas de Buda traducidas al tibetano.

El hacha de la guerra está en el fondo de un pozo y, de ser posible, ahí debe permanecer. No hay amenazas que temer, ni motivos de guerra.

Viajes: Los viajes serán tranquilos, rápidos y cómodos, ya que los caminos han sido mejorados y están libres de amenazas. Hay tránsitos importantes, exploraciones y encuentros en sus recodos.

Salud: La calidad de la medicina se elevará, y los tratamientos serán exitosos. Conviene que prestes atención a todo lo que implique sanación. Se reducirá el número de enfermos en la región. Agradece a Sang gye men la (el Buda de la Medicina)[25] toda su ayuda.

Espíritus malignos: No te molestarán porque estás protegido por el "escudo indestructible" de la tranquilidad y la paz interior. Te sentirás menos vulnerable y con mayor asentamiento, con mejores raíces en la realidad.

Prácticas espirituales: Todas las prácticas que inicies darán buenos resultados y te traerán bendiciones. Dedica una buena parte de tu tiempo a luchar contra los enemigos que nos habitan: la ignorancia, la cólera, el orgullo y el apego. No pierdas ocasión alguna de demostrar amor al prójimo, que sin duda es una de las más bellas prácticas tántricas. Sé compasivo y todo será hermoso en tu territorio.

---

25 Sang gye men la se ocupa de ayudar a los enfermos, así como de darles paz y fortaleza moral para superar sus problemas.

Objetos perdidos: Será posible hallarlo si buscas en dirección al sur del sitio donde lo perdiste. Sigue ahí, nadie lo cambió de lugar, ni lo robó. Es probable que haya quedado cubierto por la nieve de una reciente nevada. Lo que es para ti no se alejará de ti.

Tareas: La primera parte de la tarea se llevará a cabo muy pronto, pero quedará todavía mucho por hacer. Es recomendable que tengas infinita paciencia y no presiones a tus aliados y colaboradores.

Otros asuntos: Tus actividades se desarrollarán sin contratiempos, y tus deseos se cumplirán. Lo único que debes evitar son los actos violentos, las amenazas o presiones injustificadas. Evita los conflictos que pueden distanciar a la gente y si se presentan, no tardes en buscar soluciones justas. Por vías pacíficas lograrás más poder y riqueza. Con serenidad alcanzarás todos tus objetivos.

Resumen: Tiempo de paz y bonanza, con efectos positivos para todos, y felicidad en los corazones.

14. PA-RA: "El Lago que se Seca"

Significado: Cuando los arroyos que bajan de las montañas se secan, es inevitable que los lagos

que ellos alimentan también se sequen. No habrá agua en un pozo con veneros secos. Algunos arroyos son duraderos, otros son de temporal, en tanto que otros tienen una vida efímera y sólo dejan una ligera huella por donde pasan. Recuerda que todo lo que se ha construido sin una buena cimentación no será duradero. Cuidado con los ídolos con pies de barro porque se desmoronan, y con los espíritus débiles que no pueden resistir las contingencias. Cuando las personas se alejan de la virtud, y por carecer de paz interior actúan injustamente, su confusión es causa de sufrimiento. Es un momento difícil, de quietud, de inacción. Prepárate para el futuro.

Vida, familia y afectos: Si te preocupas más por los tuyos y tomas medidas para protegerlos y salvaguardarlos, no hay nada que temer. Pero si actúas como un burócrata desaprensivo y malevolente, muy pronto verás surgir problemas y conflictos que pueden provocar rupturas violentas. No le temas a los conflictos, intenta reconocerte y aprender en ellos, haciéndolo sin perjudicar a nadie. Evita infligir daño. En tiempos de crisis permanece en calma, en quietud y silencio, inmóvil y callado como las montañas, asentado en tus raíces.

Intención y proyectos: Cuando es preciso rectificar errores, no es buena época para iniciar nuevos proyectos. En temporada de seca no habrá agua para regar nuevos plantíos. Aprende a esperar el momento adecuado para roturar y remover la tierra, sólo así tu siembra dará buenos cultivos. Concéntrate en reforzar los taludes de tus tierras y los techos de tu casa; haz de tu intimidad un refugio seguro. Si se desencadena una tormenta, será mejor que no te sorprenda desprevenido y con las tejas rotas.

Amistad y riqueza: Nada realmente positivo te ocurrirá en lo inmediato, y aunque te resistas verás disminuir tu riqueza. Recuerda y acepta que los bienes son para resolver los males, y no te aferres como lapa a tus posiciones. Cuida lo que tienes y no te involucres en nuevos proyectos. Preocúpate más por los amigos que por la riqueza. Ser rico no siempre es un regalo de la vida, tener amigos, sí.

Enemigos: Sufrirás emboscadas y ataques por sorpresa, pero no te causarán gran daño. Procura evitar el desgaste propio de la guerra de guerrillas, pero no le temas a los merodeadores. Tus enemigos no se lanzarán a una guerra en gran escala, y si acaso lo intentan, fracasarán.

Viajes: Los viajes serán más lentos y difíciles debido al deterioro de los caminos; sin embargo, no habrá que lamentar daños graves. Si bien el camino es difícil, no por ello deja de ser un camino. Si te mueves hazlo lentamente, con paso firme y la mirada atenta. Una caravana bien conducida debe ser como una fortaleza en movimiento.

Salud: Es muy probable que surjan problemas de salud, o continúen los que ya existen, pero los resolverás y podrás curar tus afecciones si logras determinar su verdadero origen. Es importante fortalecer tu voluntad para luchar contra tus propias debilidades.

Espíritus malignos: Para molestarte, los demonios se aprovechan de un conflicto entre un hombre y una mujer que están separados. Esa situación causa dolor y el dolor debilita y confunde, lo que les permite hacer daño. Para alejarlos, será bueno intentar aproximar a esas personas, ya sea por acción u omisión. Si no puedes hacer nada positivo, tampoco hagas nada negativo.

Prácticas espirituales: Tus intentos no podrán prosperar mientras haya gran confusión en tu espíritu. Las prácticas que inicies no darán resultados, sería como arar en el mar. Mediante la oración busca la ayuda del maestro Pema jungnay (Padmasambhava)[26] para recuperar la tranquilidad que te falta. En la medida en que reconstruyas tu paz interior podrás retomar el proceso de crecimiento espiritual. Será bueno hacer pujas y limpias para eliminar energías negativas.

---

26 Pema jungnay, también conocido como el Gurú Rinpoche, fue el santo maestro hindú que introdujo en Tibet la tradición tántrica de la escuela Dorje theg pa (Vajrayana), basada en las enseñanzas de Buda para alcanzar la iluminación.

Objetos perdidos: No es para ti, y por ende no importa si lo hallas o no lo hallas. Si lo encuentras, no te servirá de nada. Si aceptas que no es para ti, vivirás en paz; de lo contrario, continuarán los sufrimientos.

Tareas: Mientras no adoptes serenamente un curso de acción correcto y adecuado inevitablemente tus esfuerzos no prosperarán. No obtendrás buenos resultados porque la mayor parte del trabajo se desperdicia.

Otros asuntos: El cielo está encapotado y no habrá luz en tu camino. No esperes buenos resultados en nada de lo que hagas, porque la tendencia es a disminuir, a fracasar. Pareciera obvio que te estás negando a ti mismo, y eso a nada conduce. No te encuentras en el lugar correcto, ni haciendo lo que deberías hacer: te conviene marcharte, buscar el sitio adecuado, y comenzar de nuevo. Como los Gendun (Sangha),[27] aférrate a todas las enseñanzas de Buda, estúdialas y practícalas, porque el conocimiento sin la práctica no sirve para nada y, en contraste, puede ser peligroso.

Resumen: La felicidad se aleja de ti, porque tu estado de confusión te aleja de ella. Tu actitud no sólo no favorece el éxito de tus emprendimientos, sino que los conduce al fracaso. Reconstruye tu paz interior.

---

27 Gendun es el nombre para la comunidad de los seguidores de Buda.

Ignacio González Janzen

Significado: Un océano de bienestar anuncia un tiempo de mucha abundancia en todo sentido. Un mar lleno de grandes cardúmenes. La prosperidad se hace presente, "como inagotable es el agua de los mares". Ello recuerda las sabias palabras de Tsuk tor khor lo gyur wa (Ushnisha):[28] "Los ríos que descienden de los Himalayas crecen en verano con el deshielo".Todo es propicio para un trabajo productivo y creativo, en el que la energía genera más energía, y los resultados son muy positivos. Tienes el éxito al alcance de la mano: tómalo con cuidado.

Vida, familia y afectos: Si una firme corriente de agua mueve las ruedas de los molinos, sin duda aumentarán los dones. Es previsible que haya tranquilidad, respeto y comprensión entre los tuyos. Atrás queda la noche con sus tinieblas, y comienza la claridad de la armonía. El que brinda amor y cobijo, recibe afecto y agradecimiento. Recuerda que "no hay amores a medias", como no hay banquetes sin comida.

Intención y proyectos: Ingresas en un periodo favorable, en el que puedes lograr mucha prosperi-

---

28 Tsuk tor khor lo gyur wa es uno de los Bodhisattvas de aspecto violento al que se ora para superar obstáculos.

dad. Actúa prudentemente: no gastes más de lo que puedes producir, ni te endeudes por más de lo que podrás pagar. Recuerda, "El que debe vive en zozobra", mientras que "El que no tiene deudas duerme más tranquilo". De esta manera habrá abundancia.

Amistad y riqueza: Un corazón capaz de nutrir a otro corazón, es como un imán que genera sorprendentes atracciones. El resultado de tu actitud hacia los demás te hará rico en amigos y bienes materiales. El maestro dijo que "el que da cien recibe mil", y eso lo comprobamos a cada rato. Aprende a dar y recibir. Edúcate en compartir.

Enemigos: No los hay. Habrá tranquilidad en tu región y será muy agradable disfrutarla. No surgirán enemistades ni aparecerán enemigos externos, por lo que puedes guardar la espada debajo de la cama. No guardes rencores ni resentimientos, y te reconciliarás con aquellos con los que tuviste viejas diferencias y problemas.

Viajes: Es un buen momento para recorrer los caminos, cruzar desiertos y montañas, visitar amigos, emprender viajes comerciales. No habrá grandes peligros. Los viajeros llegarán a destino sin sufrir pérdidas, dificultades ni contratiempos.

Salud: Como el agua es el elemento de esta predicción, y tu cuerpo tiene gran cantidad de ella, si sufres o contraes una enfermedad relacionada con este elemento, es muy probable que te recuperes rápidamente. Así, un catarro o resfrío no te causarán trastornos, todo lo contrario, estarás exudando toxinas y mal humor. No hay nada más sano que transpirar los ascos retenidos.

Espíritus malignos: Tu actitud espiritual los mantiene a distancia, por lo que es previsible que no te molesten. Sin embargo, cuídate de la tentación de los apegos que suelen tejer una red de inquietudes y los convocan como "los suaves pastizales atraen al ganado". Deja el pasado en el pasado, lo más lejos posible, y no mires para atrás. Disfruta el presente y construye un futuro luminoso.

Prácticas espirituales: El buen camino está abierto. Recuerda que la paz interior es fundamental para alcanzar logros espirituales, y que ello te permitirá tu verdadera realización. Haz tu trabajo con honestidad y vive alegremente.

Objetos perdidos: Será posible hallarlos. Los encontrarás buscando en la dirección Norte-Sur. Lo que realmente es tuyo regresará a ti, y lo que no es para ti se alejará de ti.

Tareas: Las personas involucradas en proyectos conjuntos están en armonía, por lo que el trabajo mancomunado permitirá concluirlos sin esfuerzo y serán exitosos. Recuerda que tu gente te necesita, tanto como tú necesitas a tu gente: "Suma, suma, nunca restes".

Otros asuntos: Esta predicción es buena y favorable porque anuncia bienestar. Las cosechas serán abundantes, y numerosas las crías del ganado. No faltarán los alimentos en el hogar, ni tampoco las bebidas. Habrá riqueza en todo lo relacionado con el agua y, en contraste, una merma en las relaciones y compromisos vinculados con el fuego. Limpia imágenes y realiza ofrendas para obtener y agradecer la protección de los dioses; es recomendable recitar el Pal cher do Sutra (Avatamsaka Sutra).[29] Pon atención a los maestros (lamas),[30] pero mucha más a la enseñanza, y entonces verás disminuir problemas y contratiempos.

Resumen: Si se opta por "el lavado que purifica", se inicia una era de mucha abundancia y goce.

16. PA-TSA: "EL DUD DE LAS DESGRACIAS"

Significado: Ansiedad, inquietud, agitación. Un torrente de insatisfacción recorre el espíritu y quita

---

29 El Pal cher do es uno de los textos más largos y bellos en la tradición Theg pa chen po (Mahayana); recoge la visión de Buda sobre la interrelación de los diversos estados, iluminados y no iluminados.

30 Lama es el nombre del maestro dedicado a difundir la doctrina budista.

la calma. Los protagonistas se sienten contrariados y están resentidos. El desmembramiento se hace presente con una fuerza insospechada. Buda se quejaba: "Muchos hombres y mujeres tienen una naturaleza enferma". Fuera de sí, la gente actúa sin razonar y ello trae desgracia. Como un torrente sin control deslava la montaña, así sucede con la furia[31] del hombre. En muchos casos es producto de maldiciones o actos de magia negra, pero en la mayoría lo es de nuestros propios errores. Hay viejos errores ocultos, enterrados detrás de la casa, debajo de un jardín de flores (están ahí pero no se dejan ver).

Vida, familia y afectos: Surgen problemas de todo tipo. No hay paz en los espíritus. Los vínculos se disuelven porque la gente no cumple sus compromisos. Las contradicciones no se resuelven inteligentemente. Hay egoísmo y demasiados intereses personales. No hay amor. Donde no hay amor ningún vínculo es imperecedero, nada es sólido, todo es efímero.

Intención y proyectos: Si partes de la confusión no llegarás a buen puerto. En vez de pensar en los resultados que obtendrás, piensa en las rutas que

---

31 La furia es uno de los tres venenos que destruyen al espíritu; los otros dos son la ignorancia y la arrogancia. Ignorancia es creer que somos más de lo que somos. Arrogancia es creer que merecemos más de los que realmente merecemos. Esos errores causan frustración y furia.

utilizarás para llegar. No te pierdas por el camino. Si la nieve no te deja ver claro, detente, no te arriesgues a caer al abismo. Tú eres tu propia brújula, tómate en serio.

Amistad y riqueza: Como no es posible abrazar la lluvia, tampoco es posible atrapar el viento. Donde hay ambición de poder, deseos de control y codicia de riquezas, se corrompen las relaciones y se esfuma la confianza. Perderás amigos y disminuirá tu riqueza. No esperes más de lo que eres capaz de dar, y recuerda que es mejor dar que recibir. Aprende a dar, y a recibir.

Enemigos: Hay enemigos ocultos a la vera de los caminos y es previsible que ataquen. No te sorprenda el que tengas que luchar para disolver esas amenazas, para sobrevivir, para protegerte de tus propios errores. Presta mucha atención a tus alianzas, porque nada hay más peligroso que equivocarse al escoger a tus aliados: si ellos te dan la espalda puedes verte en serios problemas. Un buen aliado es un tesoro invaluable.

Viajes: No es un buen momento para viajar, ni para organizar viajes futuros. Los caminos están en muy mal estado, intransitables. Si esperas visitas debes saber que se demorarán. Lo más recomendable es permanecer en un refugio adecuado.

Salud: El cuerpo responde a los impulsos de la mente, y como tu mente está bloqueada, tu cuerpo tampoco puede moverse. Tu mente está atormentada, guarda dolor y amargura. Debes orar para que las deidades te ayuden a purificar el espíritu, porque de lo contrario no sanarás. Te conviene retirarte a meditar en las montañas, para alejarte de las causas de la enfermedad y liberarte de ellas. Aléjate de todo aquello que te quita paz, equilibrio y armonía. Refúgiate en la soledad y en el silencio para conectar con la voz de la conciencia. Hay una enfermedad que afecta el sistema sanguíneo, recuerda que la sangre es símbolo de vida, de vitalidad. Es probable que surjan esclerosis y artritis. No consumas mariguana u otras drogas venenosas.

Espíritus malignos: La agitación que sufres puede deberse a maldiciones o trabajos de magia negra en tu contra, que han convocado a los demonios y mueven a los Lu (nagas)[32] en tu perjuicio. Es posible que te quieran ver "amarrado", prisionero, incapaz de moverte, y para ello utilicen el maldesear, que es el mal-decir. Habrá mucho desorden y enfrentamiento alrededor tuyo. Apaga el fuego si quieres recuperar la calma. De ti depende modificar la situación.

Prácticas espirituales: Para acabar con tanta violencia, busca la ayuda de una deidad violenta,

---

32 Lu es un espíritu de serpiente de agua que causa daño y provoca emociones destructivas.

Mi yo wa (Achala)[33] puede ayudarte en momentos de tanta convulsión. Concentra toda tu fuerza en evitar conflictos, peleas y enfrentamientos. Medita para lograr un adecuado aquietamiento, y comienza a liberarte de tus propios verdugos. Perdona y perdónate.

Objetos perdidos: Alguien huyó con lo que has perdido y ya no lo volverás a ver. Acepta que no era para ti. Es bueno que se marchen aquellos que traen desorden e infligen dolor. Déjalos ir. Festeja su partida y alejamiento porque te hacen un favor.

Tareas: No pierdas tu tiempo: mientras persista tanta agitación será imposible lograr buenos resultados. Los que esperas que lleguen en tu auxilio no lo harán. No temas aguardar a que el viento cambie y sople en otra dirección.

Otros asuntos: Por el momento, todo lo que se relaciona con el bien tiende a fracasar, mientras las malas obras pueden acabar siendo exitosas. Así, si intentas dividir a quienes te rodean y hacerlos pelear unos contra otros, es muy posible que lo logres. Si intentas sembrar con la idea de obtener sabrosos alimentos, seguramente cosecharás piedras. No es un buen momento, hay condiciones negativas y demasiada presión. Deja que todo se aquiete para ver qué queda de esta experiencia y aprender

---

33 Mi yo wa, también conocida como La Inamovible, es una deidad que protege a quienes sufren agitación espiritual y confusión.

su lección. Para modificar los efectos de una predicción tan negativa, es recomendable encender velas, quemar incienso y construir un Chod ten,[34] una estupa u oratorio tradicional.

Resumen: Mientras todo sea agitación, es imposible obtener la paz interior necesaria para pensar y actuar correctamente, y todos los resultados serán negativos. Las personas víctimas de sus anhelos se comportan como animales desesperados atrapados por un cruel cazador.

17. PA-NA: "LA FLOR DE LOTO DE LA SABIDURÍA"

Significado: Esta predicción nos anuncia sabiduría y felicidad. El suave Loto es el antiguo símbolo de Jam pal yang, la poderosa deidad que inspira el MO. Es el asiento de los dioses. Ha llegado el tiempo de las buenas cosechas y de recoger el fruto de lo que se sembró, tanto en el aspecto espiritual como material. La mente debe tender a la paz y armonía, para que el corazón vibre como el sonido agradable y prolongado de una campana ritual. Todo flo-

---

34 El Chod ten es un monumento religioso con forma de torre que apunta al cielo, construido para celebrar algún acontecimiento espiritual y para guardar reliquias sagradas.

rece como si se tratara de una cálida primavera. Nunca debes olvidar que en tu interior tienes las reservas necesarias para forjar la paz, la serenidad y la felicidad. Eres el gran herrero de tu vida, siempre forjando la espada de fuego que destruye la ignorancia, aun en los momentos más difíciles en los que piensas que "todo es adversidad".

Vida, familia y afectos: Vivir es convivir plenamente. En esta época la felicidad se instala en la vida cotidiana, y hay mucha realización. No dejes que te sorprenda la agitación en las noches de tormenta: los afectos siempre afectan, todo lo sacuden. Los vínculos familiares tienden a ser fuertes como la hoja de un arado. El amor se permite todas las alegrías y los goces. Las artes y la poesía se disfrutan intensamente. Es provechoso adoptar el camino intermedio, no abusar de los sentidos, evitar la frivolidad, superar el temor al desacierto y la inquietud propia de la soledad, perderle el miedo a la muerte.

Intención y proyectos: Será buena decisión impulsar aquellas actividades que estaban postergadas, porque surgirán todos los recursos necesarios y no les faltarán fuerzas a tus piernas y brazos. Convierte la tensión en atención, e impulsa la acción. Escoge objetivos concretos y los caminos que deseas recorrer para llegar; elabora la hoja de ruta de tu proyecto de vida. Concéntrate en ser creativo y productivo, así todo llegará por añadidura. Los movimientos prudentes serán beneficiosos. El cambio es la constante en la dinámica del universo y en los procesos de la vida. Evita el apego: no te aferres a nada.

Amistad y riqueza: La energía del universo asociada a este mensaje ofrece excelentes posibilidades para mejorar las relaciones, tanto personales como comerciales. Aumentarán las reservas de alimentos, y en general las posesiones. Evita la avidez, la codicia y el apego a los bienes materiales. Ofrece lo que quieras compartir sin limitaciones, y lo que sea para ti vendrá a ti.

Enemigos: Cuando hay paz interior, nada altera la paz en la región. No hay fuerzas enemigas preparándose para nuevas incursiones. Mientras actúes sin ofuscación, nadie se convertirá en un peligroso opositor. Es cierto que hay viejos enemigos –en particular una viuda negra, araña ponzoñosa– que conspiran porque ésa es su naturaleza, pero su codicia será el ácido en el que se disolverán. Es un tiempo para la paz y el trabajo, aprovéchalo.

Viajes: Es una buena época para recorrer los caminos sin temor. Camina a paso seguro, sin ansiedad, sin preocupación. Si es preciso tomar el camino más largo para evitar riesgos, tómalo y llega feliz a tu destino.

Salud: No habrá que lamentar nuevas afecciones, y los enfermos sanarán. Ya es hora de que superes tus propias limitaciones y pongas más atención

al cuidado de tu salud. Es conveniente limpiar los
campos y pantanos para eliminar focos infecciosos.

Espíritus malignos: Gracias a las bendiciones de Jam pal yang, ellos permanecen distantes y no molestarán. La sabiduría repele a los demonios que perturban el espíritu y en ella encontrarás la fuerza necesaria para mantenerlos a raya. Cuando hay claridad en ti la oscuridad desaparece paulatinamente.

Prácticas espirituales: Toda actividad relacionada con el desarrollo de la virtud y la paz interior será bien acogida por tus deidades protectoras. Tu ejemplo puede ayudar a que mucha gente opte por honrar a Dorje chang (Vajradhara).[35] Enciende tantas luces como puedas para agradecer la bondad de las deidades y dar gracias a la vida.

Objetos perdidos: Tarde o temprano hallarás lo que crees que has perdido. Nada de lo que realmente te pertenece está en peligro, y vas hacia su encuentro. Nada de lo que es tuyo se alejará de ti.

Tareas: Paso a paso, con la participación de todos, la labor concluirá con éxito. Los que tienen que llegar a cooperar en las labores previstas, llegarán y harán su parte.

Otros asuntos: En general todo se resolverá favorablemente, aunque en algunos asuntos habrá que

---

35 Dorje chang: altísima y perfecta manifestación de Buda en la antigua tradición mántrica Dorje theg pa (Vajrayana).

tener más paciencia. Es fundamental entrenar el espíritu en la entereza y permanecer imperturbable. La meditación y la oración aseguran aumento y te ayudarán a superar periodos de crisis. Ésta es una época propicia para decidir sobre problemas pendientes, atender asuntos diferidos, acabar tareas postergadas, cerrar círculos inconclusos. Es un buen momento para preparar la tierra para una nueva siembra (trabajar con visión de futuro).

Resumen: La flor de Loto de Jam pal yang está presente en el camino de la iluminación, y habrá paz y felicidad. Los cambios serán benéficos. Aprovecha este momento y sus grandes oportunidades.

18. PA-DHI: "El Camino Correcto"

Significado: La convergencia protectora de Jam pal yang (Manjushri)[36] y un Buda tan activo como Don yod drup pa (Amoghapasha)[37] ofrece una bella

---

36 Jam pal yang es la deidad o Buda de la Sabiduría que rige el MO tibetano.

37 Don yod drup pa es el Buda "guardián de la puerta del Norte", muy notorio en la tradición tántrica por ser el maestro de la familia de la Actividad o Calidad (una de las cinco familias a las que pertenecen todos los Budas).

predicción, en la que el incremento, lo saludable y la felicidad, combinan armoniosamente. Será fácil lograr lo que se desea, y disfrutarlo con tranquilidad, siempre que toda acción tenga como regentes a la justicia y la belleza. Deja que tu espíritu se llene de paz y alegría. Un nuevo camino está abierto delante de ti y debes iniciar su recorrido, sin inquietud ni ansiedad, con calma y certidumbre. No desaproveches ninguna experiencia de vida y recoge lo mejor de cada una de sus lecciones. Recuerda que eres tu propio maestro, tu protector más fuerte, tu refugio más sólido.

Vida, familia y afectos: Lo bueno atrae a lo bueno, y con ello el aumento es una constante. Todo tiende a crecer y fortalecerse. Una maciza y resistente cadena de afectos te protege. Tu grupo familiar y sus allegados compartirán y disfrutarán los logros de todos y cada uno, con mucha reciprocidad y en una relación muy participativa. Habrá nuevos vínculos de pareja muy sólidos, y con la ayuda de So sor drang ma (Pratisara)[38] llegarán muchos hijos al hogar.

Intención y proyectos: Es una época propicia para promover nuevas obras y hacer construcciones macizas, cuyos resultados superarán lo esperado. Lo

---

38 So sor drang ma es una deidad muy popular a la que se invoca para pedir fertilidad y tener hijos, en una sociedad agraria en la que la prole debe ser numerosa para poder atender muchas labores.

creativo y lo productivo se habrán de amalgamar exitosamente. Las ganancias deberán repartirse en forma equitativa, según la contribución y el esfuerzo de cada uno. Recuerda que el que bien reparte se enriquece y que todas las actitudes mezquinas arruinan a los necios que se pierden en sus brazos.

Amistad y riqueza: Las viejas amistades se fortalecen y surgen relaciones nuevas, con las que puedes contar y en las que puedes confiar. Tus amigos de verdad forman una red maravillosa y constituyen tu retaguardia segura. Nada te faltará cuando llegue el invierno y todo sea "una blanca y espesa cobija de nieve". Si eres sincero y bienintencionado, tendrás más amigos que jardín para recibirlos y ellos serán tu mayor patrimonio.

Enemigos: No hay peligro. Los que merodean y planean emboscadas no han de lograr sus objetivos. Sus asechanzas e intrigas son tan perversas que se les revierten. Pueden causar molestias y crear preocupaciones, pero nunca podrán vencerte. Para evitar que causen daños mantén una vigilancia adecuada, estrecha lazos con tus aliados, evita batallas frontales y emplea tácticas de contención que los desgasten. Tarde o temprano se alejarán de tu territorio.

Viajes: Si aprovechan las buenas temporadas de primavera y verano –el momento preciso y los caminos correctos–, todos llegarán a destino sin problemas. Hay muchos viajeros en movimiento, algunos se alejan de ti, en tanto que otros se acercan. No interfieras en la marcha de nadie: si alguien se quiere alejar, déjalo que parta.

Salud: La imagen de la medicina nectárea es estimulante y anuncia curación. Algunos de tus problemas de salud tienen origen en tus inquietudes mentales, y serán superados cuando tengas plena paz interior. El proceso de sanar puede reforzarse con oraciones y ofrendas a Sang gye men la (el Buda de la medicina).[39]

Espíritus malignos: Ellos trabajan en nuestras zonas oscuras y saben aprovechar la confusión para atormentarnos; penetran por las rendijas del alma y minan los espíritus quitándoles entereza. Evita que te engañen con ilusiones que pueden acarrear desilusión y sufrimiento. Cuando hay claridad en la mente y el corazón rebosa de buenas intenciones, no pueden molestar a nadie.

Prácticas espirituales: Si tus actitudes concuerdan con tus buenas intenciones, con seguridad todas tus prácticas serán beneficiosas; los seres más iluminados habrán de protegerte y apoyarte en ese proceso. Avanzar en la meditación sobre la generosidad y la compasión, te ayudará a lograr tranquilidad y crecimiento espiritual. Una adecuada

---

39 Sang gye men la es el Buda que nunca abandona a los enfermos y convalescientes.

comprensión de la realidad te dará mayor luci-
dez y te permitirá concentrarte en tu formación y
realización.

Objetos perdidos: Lo hallarás al Norte del sitio
donde lo extraviaste. Está debajo de unas matas
que no permiten ver claramente y requiere desbro-
zar el terreno.

Tareas: Cuando la tarea es buena para todos,
sobran las manos y nadie falta a la cita. Es un
buen momento para adecuarse a situaciones cam-
biantes y aprovecharlas para completar proyectos
detenidos o estancados. Hay energía positiva y
suficiente para completar obras diferidas. Habrá
éxito.

Otros asuntos: En el marco de esta predicción
siempre hay buenos resultados, y lo que uno desea
se realiza con creces. Está en tus manos disponer
de todos tus recursos para destrabar situaciones y
alcanzar tus metas. Para ello te ayudará orar, bendecir (decir el bien, desear el bien) y hacer ofrendas, como colocar caballos de viento azules en la
cima de las montañas. Te multiplicará la ventura
ayudar a los desventurados.

Resumen: Cuando hay bondad y compasión en
un espíritu activo y movilizador todo lo que se hace
genera mucho incremento. Es un buen momento
para crecer y avanzar exitosamente.

Significado: La suerte fue echada y te benefició. Tienes todo a tu favor para hacer lo que quieras, siempre que primero "ordenes tu mente" para situarte en la precisión de las valorizaciones. Se trata de una gran oportunidad sujeta a una tarea sanadora. Cuando empequeñeces o exageras las cosas provocas gran inquietud y aturdimiento. Si invocas a Duk kar,[40] no dudes de que te ayudará a resolver este problema. Recuerda que cuando vemos todo lo que nos rodea con una lupa, todo lo que nos rodea deja de ser real a nuestros ojos.

Vida, familia y afectos: Evita calificar quién es muy bueno o quién es muy malo, qué es lo mejor y qué es lo peor, y tus conceptos serán más lúcidos. Aprende a juzgar considerando la otrosidad. Mide tus palabras, disciplina tu lengua, aprende a callar. Es previsible un periodo de buena convivencia. Recuerda que hay relaciones que desaparecen, pero cada vínculo deja siempre una huella.

Intención y proyectos: De tu actitud depende el éxito o el fracaso, y a nadie debes reprocharle nada.

---

40 Duk kar, la deidad del gran Paraguas Blanco, tiene el don de poder pacificar al violento, ayudar al desafortunado, y acabar con actos de magia y maldiciones.

Tendrás buena fortuna, pero tú eres el único responsable de su empleo. No dejes que tus confusiones te desorienten. Todo depende de tu esfuerzo y de que actúes correctamente en el momento adecuado.

Amistad y riqueza: Aprovecha toda oportunidad que te permita mejorar la buena vecindad, y vivirás rodeado de respeto y afecto. Como nada te faltará, asegúrate de que nada le falte a los demás. No te preocupes por tener, es más fácil tener que ser.

Enemigos: Cabalgan en otra dirección. No hay ninguna amenaza que temer. Sólo algunos ladrones y renegados andan por los corrales intentando robar algo, pero se quemarán las manos en su propio fuego.

Viajes: Los caminantes corren con suerte, porque nada se interpondrá en su recorrido. Llegarán muy pronto y habrá fiestas y festejos. Los que aprendan y practiquen el Kang gyuk[41] serán los primeros en llegar a casa.

Salud: Todos sanarán, no habrá que lamentar padecimientos.

Espíritus malignos: Si te molestan es porque tu espíritu está alterado y hay cierta confusión en tu mente. Trabaja el apego, la culpa, los resentimien-

---

41 Kang gyuk (el Andar Veloz a grandes saltos) es una forma de caminar más rápido sin cansarse que se logra mediante ejercicios y mucha disciplina. Un elemento clave es la respiración que se ejercita en yoga.

tos. Recuerda la palabra del maestro: "No hallarás en el mundo un lugar al que no lleguen los efectos de los actos perjudiciales que hayas cometido". Ten presente el concepto del Karma y sus efectos.

Prácticas espirituales: Como eres afortunado, podrás resolver muchos problemas que interfieren, y una vez en tu camino llegarás al "hermoso manantial" deseado.

Lo perdido: Es muy probable que lo encuentres.

La tarea: Mientras no resuelvas los problemas pendientes, no podrás encararla. Si has infligido un daño debes repararlo. Toda acción negativa debe ser compensada con una acción positiva.

Otros asuntos: Te sobra buena suerte y te falta cerrar un ciclo que afecta tu desempeño. Si quitas "el árbol que obstruye el camino", ya no habrá inconvenientes para que disfrutes tanta ventura. Es probable que puedas hacerlo muy rápidamente, porque estás llamado a recibir los frutos del éxito, pero de ti depende. Te ayudará recitar el Tashi tseg pa do (Mangala Sutra)[42] y hacer ofrendas con velas, incienso y campanas de buena aleación.[43]

---

42 El Tashi tseg pa do es un texto de Buda que se recita para pedir felicidad.

43 Una buena aleación de siete u ocho metales tibetanos permite la fabricación de bellas campanas, crótalos y otros instrumentos, con cuyos diáfanos sonidos se acompañan muchos rituales, en especial los de limpia, porque "purifican y nutren el alma".

Resumen: Cuando la vida te regala un buen caballo, una buena montura y riendas del mejor taller, lo menos que te toca es aprender a montar. De ti depende el éxito o el fracaso.

20. TSA-RA: "EL ARMA QUE SOMETE AL ENEMIGO"

Significado: La espada de fuego de Shin je shed (Yamantaka)[44] se alza con un enorme e incontenible vigor, cae con furia sobre las oscuras fuerzas del mal, y derrota a los demonios Dud (Mara)[45] que intentan bloquearte el camino espiritual. Shin je shed no tiene rivales, es nada menos que una manifestación furiosa de la sabiduría, es Jam pal yang (Manjushri),[46] el patrono del MO dispuesto a destruir el poder de lo erróneo. Esta predicción, co-

---

44 Shin je shed, altísima deidad tántrica, es una manifestación violenta de Jam pal yang dispuesta a someter a las fuerzas demoniacas Dud, esos espíritus malignos que intentan contaminar a los espíritus y se alimentan del sufrimiento humano.

45 Los Dud son las cuatro fuerzas negativas, internas o externas, que bloquean el camino espiritual: las aflicciones, aquello que nos atañe, la muerte y el hijo del cielo (un celestino demoniaco cuyo arquetipo corresponde a Príapo en la tradición occidental).

46 Jam pal yang, altísima deidad cuya sabiduría reúne la sabiduría de todos los Budas.

nocida como "el arma invencible", otorga un inmenso poder para liberarse de los tormentos de la mente y avanzar victorioso hacia la iluminación.

Vida, familia y afectos: Gracias a la protección de Shin je shed, puedes confiar en que todas tus inquietudes desaparecerán. Si deseas que tus seres queridos sean felices, haz que ese objetivo sea el centro de tu vida. En tu casa reinarán el amor, la concordia y la tolerancia. El carácter virtuoso de tus actitudes te permitirá gozar alegremente todas tus relaciones.

Intención y proyectos: Si se trata de someter a rebeldes que se oponen a las buenas obras, no dudes que lograrás dominarlos. Los que causen daño y creen caos y confusión, serán avasallados. Puedes atacar a los enemigos que ponen en peligro tus realizaciones, porque ciertamente saldrás victorioso. Procura ser severo en el combate y generoso en la victoria.

Amistad y riqueza: No será una época de paz, deberás luchar para alcanzar tus objetivos. Sin embargo, tus bodegas rebosarán de alimentos conquistados por la fuerza, y nadie te los podrá disputar. Tendrás más riqueza de la que has soñado, pero la perderás si actúas sin ética, sin ecuanimidad, sin compasión.

Enemigos: Mientras proclames las enseñanzas de Buda, la victoriosa bandera del camino espiritual flameará en lo alto de tus torres. Las fuerzas enemigas tendrán que huir o rendirse, y pasearás triunfante por el campo de batalla. No habrá tropas capaces de enfrentar con éxito a las tuyas. Contarás con grandes aliados.

Viajes: Un poderoso ejército eliminará cualquier amenaza enemiga y controlará todos los caminos, por lo cual el tránsito será cómodo y seguro.

Salud: Los enfermos sanarán y aprenderán a cuidar el "valioso tesoro de su salud física y espiritual". El asma y otros problemas respiratorios se vinculan con un escaso deseo de batallar para vivir, reflejan abandono y desinterés por la vida, lo que conspira contra la fortaleza corporal y mental.

Espíritus malignos: La fuerza protectora de las deidades evitará que te molesten. No se atreverán ni siquiera a merodear. Permanecen alejados. Es tu labor estar en guardia para evitar la confusión y la tensión.

Prácticas espirituales: Puedes emprender todas las prácticas que desees, porque la ocasión es inmejorable. Al someter violentamente a las fuerzas negativas Dud, las deidades te han despejado el camino y no encontrarás obstáculos. Se te conceden dones que debes valorar inmensamente. Agradece tantas bendiciones administrando con mucha prudencia el poder. Haz ofrendas con fuego para que arda todo lo viejo que debe concluir y se inicie una nueva era. El pasado ya pasó y tuyo es el porvenir.

Lo perdido: Lo hallarás con gran rapidez y facilidad. Si así ocurre, agradece con caballos de viento.

La tarea: Todos tus planes se concretarán mediante el uso de mucho vigor en beneficio de los que participen, pero evita infligir daño o crear resentimiento en otros. Busca el bien común.

Otros asuntos: Nada ni nadie podrá enfrentar la fuerza que tienes en tus manos, por lo que en estos momentos lograrás una victoria tras otra, siempre que te liberes de cuanto te atormenta. La violenta presencia de Sin je shed a tu lado, te permitirá "domar huracanes" y "ordenar granizadas". Sin moverte de tu casa, podrás causar incendios a distancia. En beneficio del bien común, todos tendrán que acatar tu voluntad y cumplir disciplinadamente tus instrucciones, mientras que tú deberás actuar con sabiduría, rectitud y valor. Para combinar fuerza y sabiduría invoca al fiero y violento Tsuk tor khor lo gyur wa (Ushnisha Cakravartin).[47] No le temas al mal. Todo estará bien.

Resumen: Esta predicción se refiere a una inmensa fuerza capaz de someter a todo lo que existe, "poner orden en el desorden y luz en la oscuridad"; un poder que proviene del triunfo sobre los demonios del caos y el sufrimiento. Anuncia rectitud y liderazgo.

---

47 Tsuk tor khor lo gyur wa es un fiero Buda perteneciente a la tradición tántrica, dotado de la fuerza necesaria para remover cualquier obstáculo. Es un auténtico cazador y destructor de demonios.

Ignacio González Janzen

21. TSA-PA: "LA CARENCIA DE INTELIGENCIA"

Significado: Cuando la confusión, los vicios, las malas amistades, el Chang (alcohol)[48] o las drogas, e incluso la traición, corroen el espíritu y lo apartan del camino de la virtud, la mente se vacía de pensamientos positivos, se vacía de inteligencia, convirtiéndose en el campo de batalla de conflictos e inquietudes perturbadoras. La luz del corazón se apaga y se inicia un periodo de oscuridad. La tensión invade el espacio de la atención. Crecen la angustia, la congoja, la tribulación. Todo tiende a desmoronarse y el fin parece irremediable. Ésta es una predicción desfavorable, porque ha comenzado la oscura fiesta de los demonios Dud (Mara)[49] que se regodean en las actitudes negativas.

Vida, familia y afectos: No hay árbol que soporte el golpe obstinado de un hacha afilada, y tarde o temprano se derrumba. Por más fuertes que sean las relaciones y los vínculos, el filo de las dudas y la desconfianza les inflige una herida incurable. Si

---

48 Chang es una popular cerveza de cereal fermentado que beben los campesinos tibetanos.

49 Los Dud son las cuatro fuerzas demoniacas que bloquean el desarrollo espiritual: las aflicciones, aquello que nos atañe, la muerte y el hijo del cielo (un celestino diabólico cuyo arquetipo corresponde al de Príapo en la tradición occidental).

soplas la vela del amor, se apaga. Es esencial que liberes tu mente de trabas y corrupciones, aprendas a diferenciar entre lo enfermo y lo provechoso, lo insignificante y lo valioso, lo efímero y lo duradero.

Intención y proyectos: Cuando hay demasiada inquietud y ansiedad en la mente, todo es ruido y alboroto, todo es enredo y confusión. En medio del desorden, lo intrascendente reemplaza a lo importante. No puede haber éxito donde imperan la confusión y la dispersión. Si lo trivial se impone a lo trascendente, nada tendrá virtud ni consistencia. El que cae en el ojo del huracán tendrá que hacer grandes esfuerzos para liberarse.

Amistad y riqueza: Como una roca de hielo bajo el sol, así se licuará todo aquello sujeto a tu aflicción. Piensa que si los inmensos glaciares se derriten, con qué facilidad lo hará un puñado de nieve. Sólo quedará la huella imperceptible de lo que fue una gota de agua antes de evaporarse. No esperes que lleguen en tu auxilio los buenos espíritus ni las deidades a las que has defraudado.

Enemigos: El fuego de un afecto moribundo puede convertirse en incendio, de la misma forma en que un soldado decepcionado puede traicionar a su ejército. Mientras haya guerreros insatisfechos, habrá peligro. Es más prudente resolver un conflicto, que iniciar una guerra. Abre tu mano y olvídate del puño. Si tienes deudas pendientes procura liquidarlas para disolver problemas que se acumulan. Recuerda que el que no debe no teme.

Viajes: Hay tantos conflictos y peligros, que no es buen momento para viajar. Las caravanas correrán el riesgo de desaparecer sin dejar rastro. Es preferible que permanezcas en territorio seguro y no te aventures por las montañas en las que seguramente serás emboscado. No cruces los desfiladeros en los que muchos se han perdido irremediablemente.

Salud: Cuando falta armonía en la mente, el cuerpo se descompone. La misma infección que corroe el espíritu hará daño al organismo. Muchas veces nuestras malas acciones y perversiones se convierten en un virus difícil de erradicar. Los enfermos sanarán si logran restablecer su equilibrio emocional y paz interior.

Espíritus malignos: La debilidad de la mente es la fortaleza de los demonios. Ellos están interfiriendo y seguirán molestándote mientras no te liberes de tantas aflicciones. Si vives apegado a la oscuridad, no te quejes de la falta de luz. Es hora de concentrar todas tus fuerzas en un proceso de sanación que te libere del resultado de muchos errores pasados y recientes. No te permitas el lujo de volver a equivocarte de camino, porque pagarás un precio muy alto.

Prácticas espirituales: No producirán resultados benéficos mientras persista el estado de perturbación. En vez de quejarte de todo lo que ocurre, pregúntate por qué es que sucede... ¿no ves acaso que eres tú el timonel vendado? Las divinidades comenzarán a ayudarte, en cuanto tú comiences a ayudarte. Adopta el camino de la iluminación y persevera.

Lo perdido: El que no puede encontrar su camino, deambulará a tientas por la noche, sin esperanzas de encontrar cualquier cosa que haya extraviado. Mejor olvida todo lo perdido y acaba con la nostalgia de lo que fue. Nada de lo que quedó atrás tiene sentido ni puede remediarse.

La tarea: Así como no se puede construir un buen muro sin tener una plomada, no será posible concluir una labor con éxito, mientras la mente esté vacía de inteligencia. Define y organiza tu tarea con claridad y prudencia, y todo comenzará a tomar un rumbo positivo. Si has sido un buen constructor, es seguro que podrás volver a serlo.

Otros asuntos: En una época en que nada brilla no hay ni siquiera destellos, todos los cuerpos se ven opacos. Nada de lo que desees o quieras hacer será accesible, y acumularás mayores frustraciones. La única puerta abierta es la purificación; para poder atravesarla debes hacer un Lud tor[50] o

---

50 Lud tor es un Ritual de Sustitución que consiste en ofrecerle a los Dud un objeto de la persona perturbada, para que ellos se distraigan, se centren en ese objeto y ya no la acosen.

Ignacio González Janzen

un Da nen.[51] Para librar con éxito esta batalla, es preciso invocar a Shin je shed (Yamantaka)[52] para que concurra en tu auxilio y te ayude a combatir a los Dud. Libérate de las tres raíces de lo insano: la avidez, el apego y la cólera.

Resumen: Mientras exista "una perturbación que destruye la mente", nada será como quisieras que sea. Resuelve lo que está pendiente de resolver.

22. TSA-TSA: "LA BANDERA DEL PRESTIGIO"

Significado: Las deidades nunca olvidan el reconocimiento de méritos, ya que con ello dignifican al que se distingue, tanto como a sus buenas obras. Esta adivinación anuncia fama y ventura para quien la merece. Nadie que merezca legítimo renombre ha de ser olvidado. Es la hora en que flamean las banderas, retumban los tambores y se escucha el dulce sonido de las conchas de mar proclamando un

---

51 Da nen, el Ritual de Eliminación, consiste en una práctica tántrica tan violenta como sea necesaria, para someter por completo a fuerzas demoniacas internas o externas.

52 Shin je shed es una representación furibunda de la sabia deidad Jam pal yang, y tiene entre sus funciones someter a las fuerzas malignas que bloquean el camino espiritual.

gran homenaje. Si es justo que por tus actos logres celebridad, nadie dejará de enterarse y recibirás un legítimo tributo. Disfruta del prestigio bien ganado, pero evita alardes y jactancias. No te envanezcas.

Vida, familia y afectos: Si con la victoria llega la fama, que la fama no te quite la victoria. Si tus actitudes te traen reputación y tu nombre se conoce más allá de tus fronteras, cuídate de que la soberbia no borre hasta el recuerdo. La arrogancia es un ácido capaz de carcomer y destruir todo lo que toca. Recuerda el pasado sin nostalgia, y piensa en el futuro sin anhelos. Vive el presente en paz. Serás querido y honrado entre los tuyos, respetado por todos, muy amado en tu casa. Escucha y orienta a la gente de tu aldea, y tu voz cruzará las montañas.

Intención y proyectos: Una buena reputación es como una llave que abre todas las cerraduras, incluso las de los portones de fortalezas. Un prestigio merecido te convierte en el invitado de honor a todos los banquetes. Serás el invitado más distinguido, por grandes y pequeños anfitriones. Unos y otros extenderán sus alfombras a tu paso, acogerán tus sabios consejos, te apoyarán en tus proyectos y harán que el éxito sea posible. No dejes de esmerar la atención que prestas a los más modestos y actuar siempre generosamente.

Amistad y riqueza: Si la fama va por delante, la gente aguardará tu paso con alegría. Si aprendiste a recorrer el camino correcto, aprende a compartir todas sus lecciones. Conviértete en el maestro de tiempo completo que irradia luz. Dedícale mucho tiempo a la difusión del Cho (Dharma)[53] y cada minuto de labor te hará más rico.

Enemigos: La reputación tiene su precio y no faltará quien llegue a desafiarte. Siempre hay algún patán deseoso de apoderarse de riquezas que no le pertenecen. Cuando suceda no vaciles, y volverás a triunfar. Largas cornetas de bronce reluciente proclamarán la victoria por valles y colinas: serán escuchadas por tu gente y causarán regocijo. Protégete con espejos contra la maldición de arpías, furias y esperpentos.

Viajes: Es muy buena época para visitar a los amigos y familiares distantes, para llevarles afecto y el regalo de la buena palabra. Podrás desmontar en descampado y descansar sin acechanzas. Estás protegido: puedes dormir bajo un cielo inmenso cubierto de estrellas, sin temor a los lobos que deambulan por la estepa. Regresarás con más fama que al partir, y serás retribuido al doble de lo que dejes.

Salud: No estás exento de pequeñas y molestas afecciones, pero no te preocupes demasiado. Mientras tu mente no se aparte del camino espiritual, tu cuerpo tendrá muchas defensas. Evita los excesos.

---

53 Cho es el nombre tibetano para las lecciones y enseñanzas de Buda, el cuerpo doctrinario del budismo.

Espíritus malignos: Porque la fama te precede, no logran más que molestar. Siempre están buscando una ranura por dónde colarse, pero el severo prestigio es fruto de conductas sólidas como un muro difícil de penetrar. Déjalos rebotar hasta que se aburran de intentarlo.

Prácticas espirituales: Conseguirás elevarte y crecer espiritualmente en todas direcciones porque tus prácticas son muy gratas a los Budas. Aprovecha tu experiencia e intenta alcanzar un nivel superior. Dedícale tiempo y esfuerzo a la labor de magisterio.

Lo perdido: Seguramente lo encontrarás. Tu casa seguirá siendo tu casa. Lo que te pertenece tiene la marca de tu nombre grabada a fuego y los que traten de robarlo se quemarán las manos. Una viuda oculta en la oscuridad recurre a las armas del mal para hacerte daño, pero su maldad no destruirá tu prestigio y le costará muy caro.

La tarea: Como todo te favorece, la comenzarás y la concluirás con éxito, y los frutos serán abundantes. Si vigilas tus pensamientos, tus palabras y tus actos, nunca lamentarás un exceso. Una mujer llegada de las praderas distantes te ayudará a completar tus obras.

Otros asuntos: Todos serán positivos. Pueden surgir dificultades y contratiempos, pero es muy posible que los superes rápidamente. Sé tolerante con los jóvenes y con los ancianos, porque unos adolecen de experiencia y otros carecen de vigor. Debes recitar el Cho e invocar a sus protectores Dam chen (Damchen)[54] para que te ayuden en su difusión. Efectúa muchas Khor wa (Circunvalaciones)[55] para multiplicar tus méritos y acrecentar tu renombre. Ama profundamente la vida hasta el último de tus alientos.

Resumen: Recuerda que estás "entre la tierra y el cielo" y para que la fama adquirida no se extinga necesitas lograr un excelente equilibrio. El prestigio que tienes es un premio, pero también significa un compromiso.

23. TSA-NA: "EL DUD DE LO QUE NOS ATAÑE"

Significado: El aferrarse a un error trae desgracia. Cuando lo más cercano se convierte en lejano hay peligro. Ningún enemigo es peor que un renegado que conoce todas tus debilidades. Los resentimien-

---

54 Dam chen es una pareja de deidades que actúan juntas en la protección del Cho. Son conocidas como "los poderosos guardianes del Cho".

55 Khor wa es una ofrenda que consiste en caminar alrededor de un lugar sagrado tantas veces como cada quien se proponga, siempre en el sentido de las agujas de un reloj, y –si los hay– haciendo girar los cilindros de oración que contienen Ngak (la palabra tibetana para mantra). Esta actividad peripatética de oración y meditación es muy común en Oriente.

tos son como la guadaña de la muerte, cuando se derraman cortan con furia. La traición nuca llega de lejos, sino que convivió contigo, y éste es el caso. Si las circunstancias nefastas perduran, todo lo que está próximo, casi a tu lado, se rebela y te perjudica. Tendrás problemas muy serios con gente en la que confiabas y a la que hoy te enfrentas. Los demonios Dud lograron que la ambición y la codicia destrozaran los lazos de lealtad. En tus manos está aprender la lección y reconstruir lo que dejaste que se corrompiera.

Vida, familia y afectos: La tierra se seca y el aire se torna irrespirable. La disolución trae desolación, mucho dolor y remordimiento. La imagen de una casa en ruinas, con los techos hundidos y los muros rajados, es lo único que queda. Habrá ofensas, violencia, rupturas irreconciliables y separaciones definitivas. Se inicia una época de pesar y debes enfrentarla. Si no actúas con cordura, no esperes días felices. Pon toda tu atención y estudia cada paso a seguir para actuar con prudencia.

Intención y propósito: Son tantas las dificultades que se presentan, que tendrás que buscar soluciones inéditas. Dicen los campesinos tibetanos: "Afilaste el hacha con la que te cortaste el pie". No te des por vencido y, en cambio, adopta una defensa rigurosa de todas las murallas. Si hasta ahora quisiste sobresalir luchando por el poder, los resultados han sido desastrosos y debes aprender de ello.

No compitas con todos y por todo. A veces es preciso volver a comenzar desde un principio aprendiendo de los reveses. Se requiere perseverancia, esfuerzo y energía, dirigidos correctamente.

Amistad y riqueza: Cuando la gente se aleja y te da la espalda, es bueno preguntarse qué sucedió, en dónde está el error, cuál es el origen del conflicto. Si no has actuado bien, procura modificar tu proceder. Aprende a reconocer y pedir perdón por una ofensa. Si han actuado mal contigo, aprende a perdonar. Aléjate de lo que genera disputas. Deja que un manto de olvido cure las heridas para que ya no sangren. Evita que los que ayer fueron amigos, mañana sean enemigos. En esta época oscura no busques enriquecerte porque será en vano.

Enemigos: Cuando una fortaleza está cercada, los atacantes se preparan para el saqueo. Si eres el centro de atención, también eres el blanco al que apuntan los arqueros. En las actuales condiciones puedes llevar las de perder. El peligro está a la distancia de una flecha, y tendrás que tomar decisiones rápidas. No le pongas el pecho a los golpes enemigos, desvíalos.

Viajes: Los caminos están abandonados, intransitables. No es una buena época para aventurarse por las montañas. Es preciso permanecer a buen resguardo en un lugar seguro. Los que decidan partir lamentarán su decisión.

Salud: El aire está enrarecido y afecta los pulmones. Los enfermos padecerán asfixia y otros males respiratorios. Habrá bronquitis y enfermedades similares. Es probable que no sanen hasta que cambie el aire y llegue una brisa nueva y refrescante. La salud tiene estrecha relación con la paz y la armonía.

Espíritus malignos: Tus errores permitieron que los Dud (Mara)[56] te afligieran y empezaran a molestarte, y lo seguirán haciendo hasta que reviertas la situación. Hay fuerzas oscuras que están intentando cobrar venganza de algo que consideran un agravio, una afrenta. Un demonio en particular está furioso porque quiere apoderarse de algo que tienes, y que obviamente te perjudica guardar. Debes corregir errores. Tienes mucho trabajo por delante.

Prácticas espirituales: Es muy frecuente que cuando más necesitamos algo, más difícil resulta lograrlo, sobre todo si has hecho algo que te ha debilitado. Ahora que necesitas ayuda de las deidades protectoras y sobre todo de Shin je shed (Yamantaka)[57] para someter a los Dud y vencer al demonio de aquello que te atañe, tienes muy poca capacidad para hacerlo. Está en tus manos superar compasivamente

---

56 Los Dud son las cuatro fuerzas demoniacas que bloquean el desarrollo espiritual: las aflicciones, aquello que nos atañe, la muerte y el hijo del cielo (un celestino diabólico).

57 Shin je shed, representación furibunda de la sabia deidad Jam pal yang, tiene entre sus funciones someter a las fuerzas malignas que bloquean el camino espiritual. Es un espíritu muy protector.

una época de enfrentamientos. Es importante que ores y hagas todo tipo de rituales para liberarte del pasado y mejorar tu situación.

Lo perdido: Es muy probable que ya no lo encuentres. No lo busques con ansiedad, ni intentes obtenerlo a toda costa. Deja que baje la marea para ver qué quedó sobre la playa.

La tarea: No están dadas las condiciones. Hay una oposición muy fuerte que en estos momentos se frustrará. No insistas. Aguarda. Comienza a recomponer tus relaciones con la humildad necesaria; así, cuando surjan circunstancias adecuadas, estarás en la posición correcta y bien ubicado para actuar.

Otros asuntos: Este momento sólo es propicio para actitudes negativas: falacias, burlas, fraudes, robos, traiciones. Pero el que hace de la mentira y el engaño un oficio, al rato desea no haber tenido lengua. Quien cree que las mentiras tienen patas largas se equivoca. Por ahora no tendrán éxito las obras ya emprendidas, ni conviene iniciar cosas nuevas. En medio de la tormenta hay que desmontar. Detenerse en el momento necesario no implica perder tiempo, sino evitar desorientarse y perderse. Una ofrenda propicia en estos casos consiste en encender fuegos en las noches cerradas, a fin de iluminar los caminos y orientar a las personas que perdieron el rumbo.

Resumen: Cuando caes víctima de tus propios errores, eres prisionero de tu falta de virtudes. No esperes que nadie te libere de esta situación, sólo tú puedes hacerlo.

24. TSA-DHI: "EL ÁRBOL GENEROSO"

Significado: El árbol maravilloso que concede todos los deseos te ayudará a alcanzar tus objetivos. Facilita sobre todo la relación entre la gente, la comunicación, la enseñanza, la instrucción budista. Ni la flor de Loto ni el jazmín superan en fragancia a la virtud. Toda actividad que sea virtuosa y bien intencionada producirá "magníficos frutos, como un árbol fuerte y generoso". Por el contrario, las veleidades y actitudes intrascendentes únicamente provocarán dispersión.

Vida, familia y afectos: Es una buena época para elevar la calidad de vida, para enriquecerla en lo moral y asegurar lo material. Habrá excelente convivencia entre parientes. El comunicar con sabiduría traerá ventura. Si escoges a tus amigos entre los hombres y mujeres más honestos y responsables de la aldea, todo irá bien.

Intención y proyectos: Como hay un adecuado contacto con la gente, y ello genera unión y buena disposición, será posible realizar fácilmente cualquier tipo de actividades de grupo, comunitarias, participativas. Si encuentras un buen consejero, cuídalo como a un tesoro.

Amistad y riqueza: Un espíritu educador afable y constructivo reúne a su alrededor a muchos seguidores, genera camaradería. Aléjate del necio que piensa que es un sabio porque siempre es causa de trastornos. Asóciate al que trabaja para apaciguar y enriquecer el ánimo de sus vecinos, nunca le faltará nada y tendrán armonía.

Enemigos: Ningún peligro pone en riesgo la tranquilidad. Será una era de paz y felicidad.

Viajes: Habrá muchas visitas, intercambios, aprendizajes. Los viajeros serán bienvenidos, llevarán y traerán información importante, crecerán los contactos con gente hasta ahora desconocida.

Salud: Quienes padezcan alguna afección, sanarán. La enseñanza de la curación se incrementará y habrá más gente divulgando conocimientos. Cuida y protege a los ancianos, y tus hijos te cuidarán y protegerán en tu vejez.

Espíritus malignos: No molestarán. Están ocupados en su tarea de mortificar a los necios y saben reconocer los muros infranqueables.

Prácticas espirituales: En un ambiente de ilustración y buena voluntad, que produce armonía, es posible lograr buenos resultados espirituales. Divulga las Kon Chok Sum[58] y disfruta los bienes que te proporcionarán.

Lo perdido: Aparecerá, lo encontrarás, serán muchos lo que colaboren en la búsqueda. También muchos festejarán el hallazgo.

La tarea: Tu prestigio te permitirá forjar alianzas. Con seguridad habrá mucha colaboración. Nadie se negará a ayudarte, como retribución a tu labor educativa.

Otros asuntos: El panorama que se presenta es muy estimulante, sobre todo en lo referido a la enseñanza. Los buenos deseos de cada uno se cumplirán. Es conveniente recitar los Tashi monlam (los Versos que Auspician)[59] para que las deidades te otorguen su completa protección. Vigila tu conducta, nadie puede vigilarla mejor que tú.

Resumen: Esta predicción llena de alegría y buenas expectativas, nos dice que todo es posible al amparo de las enseñanzas de Buda y con la propagación de su doctrina.

---

58 Las Kon Chok Sum, o las Tres Piedras Preciosas del budismo, son las bases fundamentales de esta creencia: Buda, su doctrina denominada Cho (Dharma), y la grey formada por la totalidad de sus seguidores llamada Gendun (Sangha).

59 Los Tashi monlam son versos budistas usados para pedir a las deidades buena suerte y felicidad.

25. NA-AH: "LA FIRME MONTAÑA DORADA"

Significado: Al igual que una montaña se muestra firme y sólida, esta predicción anuncia lo inamovible, lo permanente, lo inmutable. La muy serena fortaleza de las rocas habla de lo que no cambia, y señala su estable vocación de vigía. Todo es quietud con los pies asentados en la tierra de los antepasados. Centra tu mente en tu propia formación, dedícale todo el tiempo necesario. No olvides que el asilo de la mente es la atención.

Vida, familia y afectos: Hay mucha estabilidad y una fuerte tendencia conservadora a evitar cambios bruscos. La protección del clan es una divisa defendida a ultranza. No habrá tempestades amorosas, sino una suave continuidad que recuerda la calma de un estanque. Tener una pareja benevolente y responsable es mejor que ser la persona más rica del lugar.

Intención y proyectos: Las perspectivas son muy buenas, porque nada te aleja de tus metas si perseveras en las rutinas de trabajo. Tu esfuerzo será premiado con magníficos frutos. Asóciate a los que tienen la fuerza de la razón, porque es de nobles renunciar al garrote.

Amistad y riqueza: No hay cambios a la vista, tus amigos de ayer serán los de mañana, y tus propiedades crecerán con medida. Cuando se siembra sin avidez, las cosechas desbordan los graneros. Al que comparte el pan y la cerveza, nunca le falta un pan o una cerveza. Todo lo que sepas dar sin esperar retribución, te ha de colmar las manos.

Enemigos: Tu posición es sólida como una fortaleza construida en la cima de una montaña. Los enemigos observan que tus gruesas murallas son inexpugnables, y desisten de todo intento de atacarlas. Un prestigio merecido es más respetado que un escuadrón de caballería.

Viajes: Los viajeros que vienen hacia ti han tenido dificultades, pero llegarán ilesos. Los contratiempos no siempre son perjudiciales, porque de ellos nacen cosas sorprendentes.

Salud: Ningún motivo de preocupación. La vida ordenada, la buena comida y la práctica de actividades deportivas, resultan saludables. Aprende a perder el tiempo sin perderlo, a no hacer nada sin ser un holgazán, a aquietarte sin dejar de actuar: practica el arte de observar y aprender de lo que ves.

Espíritus malignos: No te molestarán, porque tu actitud es estable y virtuosa. Cuando mentimos o nos mentimos les abrimos la puerta para que entren, pero si hablamos con la verdad salen corriendo. Ellos son demonios raquíticos, advenedizos, nunca pelean de frente, sólo saben infiltrarse. Detéctalos y anúlalos.

Prácticas espirituales: Como tu posición es sólida, ello te permitirá lograr muy buenos resultados de tus prácticas. Es recomendable que le hagas ofrendas a Sa yi nying po (Kshitigarbha)[60] para que te otorgue más sabiduría. Así como las hojas de los árboles caen en otoño, deja que caigan de ti los pensamientos negativos.

Lo perdido: Será difícil hallarlo, fue tomado por un desconocido. Sin embargo, no sabemos con qué intenciones lo hizo. Ignoramos si lo tomó para cuidarlo, o lo robó para aprovechar la oportunidad.

La tarea: La actividad que ya estás realizando concluirá con éxito aun cuando surjan situaciones inesperadas. Tal vez se demore un poco más de lo previsto, pero eso no es un gran problema, porque lo importante es terminar lo que se inició.

Otros asuntos: Hay ventura y todo saldrá bien. Éste es un mensaje que anuncia quietud, mucha estabilidad, por lo que no será recomendable planear desplazamientos, mudanzas, en general cambios de lugar. Para lograr aumento, no dudes en

---

60 Sa yi nying po es uno de los ocho seres iluminados por excelencia, a los que también se llama Budas.

invocar a Nam say (Vaishravana)[61] que por algo es conocido como el "Rey de la Riqueza" o "El que Prodiga Riqueza". Para honrar y agradecer a las deidades puedes grabar mantras en las rocas visibles desde los caminos.

Resumen: Cuando con sabiduría se ha construido un sólido bastión, y la mente se libró de las ataduras de la ignorancia, no hay a qué temer.

26. NA-RA: "EL DUD DEL HIJO DEL CIELO"

Significado: Fuego, destrucción, enfermedad.La presencia del Dud (Mara),[62] "el Demonio del Hijo del Cielo", una fuerza negativa de enorme poder, augura todo tipo de problemas graves. "Todo arderá como un incendio en una pradera reseca", porque se nubla la visión del espíritu y se desatan malignas pasiones. Lo que debía hacerse no se hizo, ni se

---

61 Nam say es la deidad ligada al eje del planeta, el salvaguarda de la orientación Norte.

62 Dud es el nombre de cuatro fuerzas negativas que atormentan la mente, destruyen la paz interior y bloquean la evolución espiritual. El Dud "del Hijo del Cielo", corresponde a un celestino pernicioso que provoca deseos nocivos y causa confusión, trastornos morales y sufrimientos insoportables.

Ignacio González Janzen

evitó lo que debía evitarse, y el resultado no tiene por qué sorprender a nadie.

Vida, familia y afectos: Cuando sopla el viento, el fuego no es un juego; si no te alejas de las llamas, te quemas. Hay peligro: como arden los pastizales, también arden los deseos, dejando sólo cenizas. Debes evitar el incendio, la destrucción de lo que amas. Aléjate de lo que te causa tanta ansiedad, confusión y dolor. Que no se queje de vivir mal el que dejó pasar la oportunidad de obrar bien.

Intención y proyectos: No esperes que de una mata quemada surjan flores, o que de un tronco incinerado broten hojas. Donde no hay virtud no habrá resultados positivos, sino todo lo contrario, fracaso y frustración. El que se asocia al mal no saborea el bien.

Amistad y riqueza: Como nada queda de la fina ropa de seda después de los incendios, nada quedará de tus días mejores. Todo será olvido, todo será un pasado muy lejano. Si no conoces el precio de los deseos que son como brasas, pronto lo conocerás y desearás no conocerlo.

Enemigos: Estás en peligro. Los forajidos huelen la desgracia desde lejos, y se lanzan como aves de rapiña. Pero el verdadero problema no son ellos: el problema es que actuando como necios, muchos seres se involucran en dificultades. Al que no aprende a practicar su vigilancia, de nada le sirve vigilar al enemigo. Mírate a un espejo y pregúntate ¿en qué me equivoqué?

Viajes: Los caminos se llenarán de inseguridad y amenazas. Será muy prudente cancelar visitas y postergar la salida de las caravanas. Es preferible que los viajeros esperen mejores condiciones.

Salud: Se prevé que surjan enfermedades relativas al fuego y a la sangre. Padecerás calenturas y afecciones contagiosas. Procura prever el grave deterioro físico resultante de tus propios excesos.

Espíritus malignos: Ellos se alegran de tus problemas y te cercan con sus alas oscuras, cubren la luz, intentan precipitarte a los abismos. Mientras no rompas el cerco de la ignorancia, seguirás siendo el juguete con que juegan.

Prácticas espirituales: Procura reducir los efectos negativos de una situación tan nefasta. Intenta purificar tu mente y alejarte de aquello que origina tus sufrimientos. Invoca el auxilio de Pema jungnay (Padmasambhava),[63] el gran maestro de la escuela tántrica, el que puede volar y hacer todo tipo de milagros.

Lo perdido: No lo hallarás ni usando cristales de aumento.

---

63 Pema jungnay, también conocido como el Gurú Rinpoche, célebre maestro originario de India que predicó en Tibet el camino espiritual tántrico Dorje theg pa (Vajrayana).

La tarea: Hay tantos obstáculos en tu camino, que es muy difícil que concluyas tus labores. No tendrás éxito.

Otros asuntos: En general el panorama es muy negativo. No debes hacerte ninguna expectativa porque la situación tiende a empeorar. No se ven progresos ni cambios sustanciales. Es conveniente que revises tu vida, veas en qué te has equivocado, te preguntes a quiénes has perjudicado, te arrepientas y enmiendes. El arrepentimiento puede liberarte de los efectos de tus malas acciones.

Resumen: El resultado de una mente perturbada es sufrimiento, disminución y pérdidas. Nunca debes beber del veneno de la arrogancia.[64]

27. NA-PA: "LA VASIJA DE ORO"

Significado: Los dones de la tierra cultivada llegarán a tus manos y se derramarán de tu mayor vasija. Todo será abundancia, prosperidad y progreso. Los granos y los frutos se multiplicarán. El sabio y venerado Jam pal yang, que ampara estas adivinaciones, bendice a la vasija de oro rebosante "por

---

64 El veneno de la arrogancia, en la tradición budista, es "creer que merecemos más de lo que legítimamente nos corresponde".

ser como la vaca de la leche perpetua que concede todo lo anhelado".⁶⁵

Vida, familia y afectos: El incremento y la armonía se funden en un momento en que todo florece. No hay penurias ni preocupaciones de ningún tipo, y los vínculos afectivos se fortalecen. Nadie se aleja: la casa está repleta de voces. Las parejas disfrutan un abrazo profundo.

Intención y proyectos: Hay intensa actividad y muchas labores por hacer y, puesto que imperan el orden y el respeto, todo resulta exitoso. Nadie queda excluido del trabajo y el legítimo disfrute de sus logros.

Amistad y riqueza: Aumentará el número de amigos y te sorprenderá constatar que son confiables. No habrá deslealtades entre tu gente, ni tampoco avaricia o mezquindad. La riqueza será recibida y compartida sin distingos ni reproches.

Enemigos: No hay nada que temer. La distribución de la riqueza forja un lazo difícil de cortar, una torre difícil de derribar, una defensa difícil de vencer. Y porque los enemigos bien lo saben, no se acercan.

Viajes: Los caminos están despejados y el tránsito está protegido. Nadie tendrá problemas realmente serios.

---

65 Se refiere a la tradición de una pródiga vaca cuya leche nunca se acaba y tiene el don de consentir todos los deseos.

Salud: Los enfermos mejorarán y sanarán.

Espíritus malignos: Permanecen alejados de la espada flamígera de Jam pal yang. Saben que su sabiduría es infinita y no se atreven a desafiarla. Es un momento en que los demonios están desempleados.

Prácticas espirituales: Será muy justo y provechoso agradecer tantos dones al luminoso ser rector del MO, y ello reforzará su confianza en tu templanza. Sigue tu camino hacia la luz porque te falta poco.

Lo perdido: Está muy cerca de ti y lo hallarás. Busca dentro del cerco de piedras de tu propia casa. Si te alejas, también te alejas de él.

La tarea: Pueden surgir diferentes opiniones entre los participantes, habrá que debatir cómo encarar la actividad. Es posible que una larga discusión retrase la tarea, pero una vez que se inicie concluirá bien.

Otros asuntos: Jam pal yang, el ser que no sufre deterioro, te protege y otorga ventura. No habrá cambios que provoquen efectos negativos, ni actitudes que causen pesar. Puedes disfrutar virtuosa y alegremente de la vida. Si invocas a Tshok dak (Ganapati)[66] tendrás en él a otro aliado muy fuerte y generoso.

---

66 Tshok dak, deidad con cabeza de elefante muy popular y venerada en la tradición Sakya.

Resumen: Todo lo que se sembró en buenas tierras produjo muchos frutos y con la abundancia crece el goce de la felicidad.

28. NA-TSA: "LA DUNA DESPERDIGADA"

Significado: Confusión, dispersión, aflicción. El demonio Dud (Mara)[67] no da tregua, movilizando las fuerzas negativas capaces de alterar la mente y llevarla a la perdición. Bajo este influjo se produce el derrumbe de lo que parecían sólidos baluartes y el viento hace desaparecer enormes dunas de arena. Los espíritus atormentados actúan como arietes, pero en vez de demoler las murallas enemigas, acaban con las propias. Cuando quieras ver el rostro del que puede ser el peor de tus enemigos, mírate al espejo. Buda propuso: "No olvides que el dolor es inevitable, ni que del sufrimiento eres responsable".

Vida, familia y afectos: Poco a poco se hunden en el pantano de la desconfianza, aquellos que no confían ni en sí mismos. Cuando un jefe de familia deja de serlo, seguramente también su familia dejará de serlo. Ya que no hay certidumbre no hay

---

67 Dud es el nombre de cuatro fuerzas negativas que atormentan la mente, destruyen la paz interior y bloquean la evolución espiritual.

consuelo, el remordimiento no cesa. El precio de la negligencia puede ser muy alto.

Intención y proyectos: La ansiedad, la confusión y la duda destruyen la mente, así como las termitas dañan los maderos de los puentes. Esta predicción anuncia sucesos infaustos, que se encadenan unos a otros en una secuencia destructiva. Por lo general cada quien come lo que supo o no supo cocinar.

Amistad y riqueza: Es previsible que haya soledad y pobreza, como el resultado inevitable de la acumulación de errores y actitudes negativas. Las posesiones y bienes materiales se reducirán irremediablemente. La amistad con una persona torpe y necia sólo trae desventura.

Enemigos: A la vista de tu debilidad, ellos atacarán y no podrás vencer a sus fuerzas. Invoca a deidades protectoras para que te ayuden a sobrevivir en una situación tan funesta. Si no ves claramente tus errores y cambias de actitud, tus defensas se desmoronarán sin necesidad de arietes.

Viajes: En los caminos vagan los bandoleros e imponen la ley del más fuerte. Tus visitas llegarán tarde, después de un viaje agotador, y no traerán buenas noticias. Sólo las barcas que navegan a la deriva se pierden en la noche.

Salud: No habrá dificultades, si surge una enfermedad podrás sanar. Son los somas de la mente los que crean pústulas y llagas.

Espíritus malignos: La corte del demonio Dud bate el tambor de las aflicciones en tu perjuicio, y tu espíritu es el profundo remolino de confusión que la alimenta.

Prácticas espirituales: Mientras tu mente siga alterada, tus prácticas no cobrarán fuerza. Haz rituales, impulsa cilindros de oración,[68] y recita el mantra Dud tsar chod pai zung (Mara Vijaya Dharani)[69] para poder contrarrestar los elementos Dud. Recuerda los Cinco Impedimentos o "Velos" del Buda Tevigga Suttanta: el deseo lujurioso, la malicia, la desidia y el ocio, el orgullo y el vanagloriarse de una supuesta virtud, y el impedimento de la duda. Concéntrate en eliminarlos de tu espíritu.

Lo perdido: No será fácil hallarlo, mientras deambules confuso y desesperanzado.

La tarea: Cuando la mente nos traiciona, ya no es posible confiar en nuestras manos, porque son como un lanchón a la deriva por el Río Amarillo.

---

68 Los cilindros de oración son un elemento ritual de mucha tradición en Tibet. Consisten en tubos de láminas metálicas de diversos tamaños (los hay de cuarenta centímetros a cuatro metros de diámetro) y tienen oraciones y mantras grabados en su interior. Al empujarlos para que giren en la dirección de las agujas de un reloj, los mantras se liberan y ascienden al cielo llevando su invocación a las deidades.

69 Dud tsar chod pai zung es un mantra muy empleado para librarse de las influencias negativas Dud.

De esta manera nunca llegarás al monasterio de Samyeg.[70]

Otros asuntos: El que con sus errores y vicios le abre la puerta a Dud, tendrá que expulsarlo con sabiduría y virtudes, antes de que a su casa pueda regresar la paz. Mientras tanto, sólo tendrá éxito en acciones de carácter aciago, como la destrucción.

Resumen: La actividad negativa de una mente perturbada conduce a la extinción de todo aquello que nos importaba y era valioso. "Ahí en donde hubo rocas, no quedarán ni piedras para la honda del pastor."

29. NA-NA: "LA RESIDENCIA DE LA BONDAD"

Significado: Basta imaginar una magnífica mansión dorada celestial para tener idea del significado de este mensaje: lo bello, regio e inmenso se hace presente y resplandece. Es el Templo Dorado en todo su esplendor. El bien y la bondad pueblan la casa, y predicen el imperio de la virtud. La sabiduría y la constancia aseguran el éxito en todas las empresas presentes y futuras. La semilla estallará y se conver-

---

70 El monasterio de Samyeg, construido en el año 800 por el Gran Gurú Padmasambhava, es el más antiguo del Tibet y para llegar a él se navega varias horas en lanchón por el Río Amarillo.

tirá en fruto. Recuerda que eres dueño y señor de todos tus actos, así como de sus efectos, sean buenos o malos.

Vida, familia y afectos: Todo está tan bien encaminado, que basta con seguir en esta dirección para lograr los frutos de una espléndida cosecha. La vid dará muchas barricas de buen vino. No hay que modificar el buen rumbo. Es sólida esta unión. Los vínculos matrimoniales se asientan en sentimientos, comprensión y respeto. A todos agrada la virtud, pero no te equivoques dedicándote sólo a agradar.

Intención y proyectos: Lo que es sólido perdura. Si construyes con toda tu paciencia un puente, no habrá aluvión capaz de destruirlo, pero si te gana la prisa y la ansiedad, es muy probable que no resista el torrente de un verano. Sin esfuerzo no hay obra, ni acción, ni crecimiento. Que tu pie derecho prepare el camino de tu pie izquierdo, y que éste lo siga seguro y entusiasta.

Amistad y riqueza: Será lenta la acumulación, pero los resultados van a ser sorprendentes. Persevera en tu labor y sin duda tus bienes crecerán. Mientras estés entre quienes debes estar, a nada habrás de temer. Cuida siempre a aquellos que han demostrado su lealtad.

Enemigos: Tal vez desaparezcan para siempre, intimidados por tu fuerza y temerosos del poder de

Ignacio González Janzen

las deidades que te protegen. No hay motivos de preocupación alguna.

Viajes: No esperes a tus visitas en la fecha prevista: no importa cuándo lleguen, sino cómo lleguen. Vendrán de lejos, por ásperos caminos, pero su arribo se dará en buenas condiciones. Traerán como regalo su presencia. Se anticipa un encuentro feliz.

Salud: Es muy posible que haya que lamentar enfermedades de muy distinto grado, pero finalmente todas ellas concluirán. El cuidado de tu salud acabará con todo tipo de afecciones.

Espíritus malignos: No se los ve, ni se los oye, ni se siente su inquietante presencia cerca de ti. Simplemente ni están, ni molestan. Si haces tu labor como debe ser, los mantendrás a distancia.

Prácticas espirituales: Parece obvio que cuentas con las bendiciones que necesitas para perseverar en tu camino, pero cuando te sientas agobiado por las dificultades de la marcha, mira la luz de un nuevo amanecer y absorbe su energía. Hazlo y lograrás cuanto le pidas a las deidades que amorosamente cuidan tu casa.

Lo perdido: Inmóvil en lo alto de una colina observa con cuidado: si no lo ves, tal vez será muy difícil hallarlo. Algo interfiere, o tal vez no es malo que ya no encuentres eso que buscas. Quizás es un buen momento para enterrar el último de tus apegos.

La tarea: Lo que está pendiente puede quedar así, a la espera, detenido, en suspenso. Eso no implica un abandono o una renuncia, sino el aprendizaje de darle tiempo al tiempo. No le otorgues a una situación así más trascendencia de la que tiene. Para todo hay tiempo. Su momento llegará trayendo nuevos ímpetus.

Otros asuntos: La paz y el asentamiento tendrán éxito. No será bueno ni prudente separarse de lo propio (casa, territorio, empleo, relaciones, etcétera) porque provocará inestabilidad. Será muy conveniente practicar rituales que ayuden a incrementar y proteger la riqueza, ya que es ésta una época en que se multiplicarán los bienes. Te dará muy buen resultado invocar la ayuda de Sa yi nying po (Kshitigarbha)[71] para que te oriente e impulse hacia la virtud.

Resumen: Es la hora en que "lo superior se suma a lo superior", dando como resultado un estadio de magnífica grandeza. Lo inferior también nos pertenece, tanto como el trabajo de olvidarlo.

---

71 Sa yi nying po es uno de los ocho seres iluminados por excelencia, a los que también se llama Budas.

Significado: Ventura, florecimiento, expansión. Como el repentino hallazgo de un maravilloso tesoro repleto de piedras preciosas, este mensaje anuncia éxito y prosperidad. Se inicia una época de excelentes realizaciones, en la que los deseos se convierten en realidad. Nada resultará imposible, y a cada quien le llegará lo que legítimamente le corresponde. Lo que es para ti, está en camino. Confía en ti mismo, porque eres el mejor ayudante con que cuentas. No te detengas: avanza a paso sólido.

Vida, familia y afectos: Abre de par en par las puertas de tu corazón, así tu vida se colmará de alegría. El cuerno de la abundancia vierte sus dones ilimitados entre los justos y caritativos. No esperes el amor sentado en una piedra solitaria, deja tus sentimientos volar en libertad. Aprende a amar sin poseer, en una perspectiva de apertura total, deseando felicidad para ti mismo y todos tus seres queridos, y actuando en consecuencia.

Intención y proyectos: Como hay definición y voluntad, el éxito no tardará en llegar y premiar tus iniciativas. Por el camino adecuado es más fácil llegar, aun cuando parezca más lento. Si aprendes a compartir los beneficios tus ganancias nunca dejarán de crecer. Administra sabiamente tus ganancias y nunca te olvides de ayudar al que te necesite.

Amistad y riqueza: Como las flores en un jardín bien cuidado, así se han de multiplicar los valiosos amigos. El que obsequie piedras preciosas, recibirá muchas más de las que dio. La sinceridad y generosidad traen ventura. El que no sabe dar, no sabe recibir.

Enemigos: Por el momento están en lo más profundo del mar, sin saber cómo salir a la superficie; no les enseñes a nadar con tus errores. Si permaneces apegado a la virtud, seguirás siendo un guerrero que no requiere espada.

Viajes: El cielo está profundamente azul, muy claro, despejado, no nevará. Todos llegarán sanos y salvos, y con buenas noticias. Prepárate para recibir a los viajeros con los mismos cuidados con que quisieras que te recibieran. Los que vienen hacia ti llegarán felizmente.

Salud: Si hay enfermos, sanarán. Hay buena energía gracias a una actitud vigilante. Recuerda las palabras de Buda: "Al comer, come con moderación, y si bebes, no bebas ni una gota de más".

Espíritus malignos: Ya que tus actitudes son correctas, no temas que te molesten por estar bien protegido por deidades poderosas. Recuerda que la mente suele engañarnos, confía en la prudencia.

Ignacio González Janzen

"Observa, observa, observa", nunca dejes de observar con atención todo lo que realmente ocurre.

Prácticas espirituales: Excelente momento. Gon po (Mahakala)[72] te protege con su enorme fuerza y te asegura suficiente poder como para superar cualquier obstáculo que se presente en tu camino: sabe que deseas iluminarte y te ayudará a alcanzarlo. Todo el que se esfuerza por lograrlo en su momento habrá de iluminarse.

Lo perdido: Está más cerca de lo que supones. Abre bien los ojos y verás lo que no veías. No se trata de "buscar mucho", sino de buscar correctamente.

La tarea: Si acumulas la fuerza y la energía necesarias, todo saldrá bien.

Otros asuntos: La Rig (familia) de la Piedra Preciosa,[73] otorgadora de todos los deseos, te acompaña en esta época de esplendor. Confía en ella y nada te faltará, pero no dejes de venerar su nombre y ofrecerle rituales y oraciones de agradecimiento.

---

72 Gon po, también conocido como Nag po chen po, la "Deidad Negra", es un protector que recurre a la violencia cuando hace falta para vencer dificultades. Por violencia se entiende la fuerza de las divinidades dirigida contra los demonios. Se representa con cuatro o seis brazos indistintamente.

73 De acuerdo con la tradición Dorje theg pa (Vajrayana), la familia Rig de la Piedra Preciosa es una de las cinco familias o "razas" en las que se agrupan todos los Budas y seres iluminados, según sus altísimas funciones.

Resumen: Como un hermoso edificio de mil habitaciones,[74] el Tesoro de Realizaciones te ofrece su magnificencia y esplendor. Nadie deja de recibir lo que merece.

31. DHI-AH: "LA PRESENCIA DE JAM PAL YANG"

Significado: La predicción que anuncia la amorosa aparición de Jam pal yang (Manjushri), el patrono del MO, trae inmensa ventura. Es un verdadero regalo de esta deidad para quien la consulta que le protege y enriquece con toda su inmensa sabiduría, lo cual implica una gran ayuda para la purificación de la mente y el tránsito por el camino a la iluminación. Aprovechar una situación tan favorable te permitirá lograr éxito y felicidad. Tienes la mayor de todas las posibilidades al alcance de tu mano, sólo de ti depende.

Vida, familia y afectos: Excelentes condiciones para crecer en muchos sentidos, muy en particular en estatura moral. Habrá paz en la casa del hom-

---

74 La mención de "mil habitaciones" nos remite siempre al sagrado Potala, el magnífico palacio real-ritual de Lhasa, sede "prohibida" de todos los poderes tibetanos durante más de un milenio.

---

bre sabio y virtuoso. Convierte la ética y el compromiso de no perjudicar a nadie en una práctica cotidiana. Tu corazón rebosará de alegría y gozará de un amor espléndido en todos los sentidos.

Intención y proyectos: Si te dedicas a seguir el camino del Cho (Dharma),[75] nada habrá que no puedas abordar con éxito, ya que estarás armado con la más poderosa de las enseñanzas. Sin duda cuentas con un apoyo incuestionable que facilitará tus actividades. Mantente alejado de los extremos y orientado al camino intermedio.

Amistad y riqueza: Llegarán nuevos amigos a incrementar los que ya tienes; podrás hacer lo que siempre has deseado y todavía no has podido realizar. Nada te faltará. Si te esfuerzas en hacer lo correcto, todo lo que realmente necesitas te será otorgado.

Enemigos: Ellos se postrarán sin miedo ante tu persona, seguros de tu justa y generosa administración. Los gobernarás con la sabiduría que desarma todas las inquinas y resentimientos, y sus ejércitos se disolverán hasta desaparecer. Nunca humilles al vencido, que así será un nuevo amigo.

Viajes: Puedes viajar a donde quieras, porque los caminos disfrutarán de una seguridad ni siquiera puesta en duda. Hay tranquilidad como resultado de tu propio aquietamiento.

---

75 Cho es la doctrina budista.

Salud: Los que ahora están enfermos sanarán y no habrá nuevos problemas. De todas formas serán apreciadas tus oraciones a Sang gye men la, que nunca olvida a los enfermos.[76] Tu cuerpo es el espejo de la forma en que vives y el resultado de la forma en que piensas.

Espíritus malignos: Con tantas bendiciones a tu favor no te molestarán.

Prácticas espirituales: Habrá tanta tranquilidad y amorosa alegría en tu mente, que todas tus prácticas serán muy beneficiosas. Las divinidades disfrutan tu cercanía y las ofrendas que les presentas.

Lo perdido: No tardarás en hallarlo, Jam pal yang te guiará en la búsqueda.

La tarea: Todos los invitados concurrirán puntualmente, y las labores se harán con vigor y satisfacción. Habrá certeza sobre la honestidad de lo que propongas. Los que confían en tu conducta, confían en tu liderazgo.

Otros asuntos: Lo que quieres que sea, será, porque tu virtuosa actitud te conduce al logro. No habrá realizaciones postergadas. Si mucho don recibes, con mucha oración agradece. Comparte todo lo que recibas, y en tu pueblo siempre habrá una alegre convivencia.

---

76 Sang gye men la, muy popular en Tibet, es el Buda de la Medicina a quien invocan ayuda y le presentan todo tipo de ofrendas.

Resumen: Todo se orienta a la excelencia con un respaldo tan sólido como la suma de la sabiduría de los Budas.

32. DHI-RA: "EL MARAVILLOSO NUDO SIN FIN"

Significado: Una mente clara e inteligente está dotada del don de andar de noche y ver como si fuera de día, sin equivocar el rumbo. No habrá caminos inaccesibles, ni metas imposibles, para aquellos cuya razón ha madurado. Se inicia una época luminosa muy rica en realizaciones. Te sorprenderá descubrir que muchas cosas que parecen "espontáneas", en realidad tienen el invisible sustento de tu propia experiencia. La verdad radica en el origen condicionado de las cosas.

Vida, familia y afectos: Recuerda la época más bella de tu vida e intenta imaginarla siete veces más hermosa. ¿Se puede?... De ti depende. ¿Y las dificultades?... Si no te apartas del camino[77] tendrás más ayuda de la necesaria. ¿Y las contradicciones?... Siempre las hay, están ahí para que tú

---

77 El Dorje thag pa (Vajrayana) es el "camino" señalado por Buda en la tradición tántrica.

las resuelvas, o ¿acaso crees que tienen otra finalidad? Confía en tu propio poder de resolución. Habla siempre con la verdad y no hieras con las palabras. El poder de la verdad protege al que busca la verdad.

Intención y proyecto: Puesto que tu mente está muy lúcida y crece en ella la sabiduría, tus actos son el reflejo de una conciencia trascendente. Nada se interpondrá en tu trabajo. Alcanzarás tus objetivos. Dedica tiempo a aniquilar la avidez, el odio, la cólera, las acciones malintencionadas y perjudiciales. Si tu debilidad es la furia, lima sus aristas día a día hasta que desaparezca totalmente. Si alguien te quiere hacer enojar, no dejes que lo haga: si no recoges sus palabras, éstas se disolverán.

Amistad y riqueza: La comprensión y la alegría traen ventura, y tú tienes suficiente de ellas como para llenar la comarca. Tu próximo invierno será muy placentero, no habrá que lamentar padecimientos. Cuando proteges a los otros te proteges a ti mismo. Renuncia al abuso y las frivolidades, nada de eso es provechoso. No te vuelvas esclavo de los sentidos ni te entregues a mortificaciones rigurosas, nada de eso trae ventura.

Enemigos: Mientras los vigías otean el horizonte, puedes dormir en paz, no habrá sorpresas ni acechanzas. Haz que la vigilancia reemplace a la negligencia. Pero, aun si los guardias detectan ene-

Ignacio González Janzen

migos, evita el odio porque es como una espina clavada en los pies que no deja caminar. Aprende a estar alerta sin ofuscarte. No le temas a los fantasmas, ni a los que deambulan asustando a los niños, el único fantasma peligroso es la confusión que aturde la mente.

Viajes: Gracias a la previsión y al trabajo comunitario, los caminos están en muy buenas condiciones y los viajeros andan y desandan sus rutas sin problemas. Donde hay virtud no hay malas noticias.

Salud: Quienes cuiden su mente y su cuerpo no enfermarán, y quienes estén enfermos sanarán. Evita cualquier tentación capaz de dañar tu sistema inmunológico. Son necios los hombres que se comportan como sus propios enemigos, descuidando su salud.

Espíritus malignos: No hay inquietud en tu mente que pueda alimentar sus ganas de molestar, y no lo harán. Pero no te distraigas ni los dejes infiltrarse en tu mente y saltar de un lado a otro confundiéndote.

Prácticas espirituales: Puedes hacer la que quieras y verás muy buenos resultados. Te ayudará invocar a Pema jungnay (Padmasambhava)[78] y él dis-

---

78 Pema jungnay, también conocido como el Gurú Rinpoche, célebre maestro originario de India que predicó en Tibet el camino espiritual tántrico Dorje theg pa (Vajrayana).

frutará al apoyar tus oraciones. Abre tus oídos a las palabras sensatas de los buenos maestros, con seguridad ellas te ayudarán a cruzar a la otra orilla, la de la sabiduría.

Lo perdido: Lo encontrarás "antes de que amanezca".[79] Está mucho más cerca que las cumbres de los Himalayas, casi a tus pies, esperando ser hallado y regresar a ti.

La tarea: Se cumplirá alegremente de principio a fin, y todos los que participen se sentirán felices con sus resultados. Puedes sentirte muy afortunado ya que tienes verdaderos amigos y eso es oro reluciente.

Otros asuntos: Como tu mente decide inteligentemente, tus actitudes son correctas, confía en ellas. Puedes protegerte invocando a la deidad tántrica Yidam,[80] facilitadora del correcto camino. También

---

79 "Antes de que amanezca" significa al rato, pronto, en seguida. Es el equivalente a la locución occidental "antes de que cante un gallo".

80 El Yidam (tibetano) o Ishta-devata (sánscrito) es una "deidad especial" o un "espíritu búdico" muy ligado a la tradición Vajrayana, al que se recurre para identificarnos con él al meditar. Se trata de un ser plenamente iluminado (Gurú, Rinpoche, Buda o Bodhisatva) o una representación búdica (yab-yum), que adoptamos como foco de meditación: nos identificamos con él y nos facilita centrarnos. Quienes trabajan para encauzarse por el camino espiritual usan con frecuencia al poderoso Yamantaka, capaz de vencer a todos los demonios de la mente. Otros muy populares son Hayagriva, Vajrakilaya (Dorje Phurba) y Samputa. Un Yidam puede ser masculino o femenino, pero lo más importante es que contacte con la naturaleza fundamental del aprendiz.

a la Tara Verde que derrota demonios e impide desastres. Como no hay contradicción alguna entre tus deseos y el Cho,[81] pronto los verás concretarse. Recuerda la enseñanza: nadie puede controlar las circunstancias, pero todos podemos controlar la mente. Medita en este tema: todo está en el barril sin fondo de la mente. No te aferres a nada que no sea comprobable, evita la avidez y corta todas las ataduras.

Resumen: La inteligencia asegura que los deseos sean amigables, por lo que en todo hay alegría y felicidad. Si te mantienes en el camino medio nunca te perderás.

33. DHI-PA: "EL BRILLANTE PEZ HEMBRA"

Significado: Es la hora afortunada de la "buena estrella" que brilla por doquier y todo lo ilumina. Si observas la libertad y belleza con que se mueven los peces en el agua, será fácil que entiendas esta predicción. Es la hora de lo femenino y sutil. Si eres el verdadero dueño de tus intenciones y tus actos, obtendrás más satisfacciones de todas las

---

81 El Cho (Dharma) es el conjunto de las enseñanzas de Buda.

que puedas imaginar. Dedícate a nadar libremen-
te, no te apegues a nada, permanece indiferente
ante la ganancia y la pérdida, la victoria y la derrota. Déjate llevar por la certeza de que todo está
bien encaminado.

Vida, familia y afectos: Si te mueves con la agilidad de un pez hembra en el medio del mar, llegarás a donde quieras. Evita la rigidez y haz que tus
relaciones alcancen tanta flexibilidad como sea
posible. Los que están cerca de ti gozarán los beneficios de tus cuidados y de tu buena suerte. Cuida
tus vínculos como se cuida un amoroso jardín, cortando la hierba que quiera alterarlos. Amar y ser
amado son pilares capaces de sostener el peso de
mucha nieve sobre el tejado. Recuerda que la joya
más valiosa que puedes tener es una pareja noble
y confiable.

Intención y proyectos: Si tienes claro el rumbo, llegarás a la meta. Con esfuerzo y dedicación habrá
éxito. Pero aquel que se someta a dictados ajenos,
fracasará y sufrirá. No te dejes confundir por personas que te den consejos interesados. Si no tienes
nada valioso que hacer, mejor no hagas nada... No
es buena la pereza, pero es peor ser dañino. Aguarda el momento adecuado para entrar en acción.
Si no tienes nada valioso qué decir, mejor no digas
nada... Entrénate en callar. La quietud y el silencio
son formas muy útiles de comportarse y expresar
comprensión. El silencio es fecundo.

Amistad y riqueza: No desaproveches la oportunidad de cultivar tus relaciones y ellas se multiplicarán. No es fácil hallar buenos amigos, pero es importante tener buenos amigos. Tus propiedades aumentarán como un cardumen que encontró alimento. Como los peces, algunas veces es preciso nadar contra la corriente, porque las dificultades se presentan para invitarnos a resolverlas. Busca el punto intermedio entre el peso que pueden cargar tus hombros y la carga que pueden tolerar tus piernas.

Enemigos: Incluso si llegaran al pie de tus murallas, se retirarán sin hacer daño. Tal vez griten y lancen amenazas, pero no pasarán de ahí: simplemente ignóralos. La única amenaza realmente preocupante es nuestra propia capacidad de pensar y obrar sin benevolencia.

Viajes: Todos corren con suerte y llegarán a salvo. Las caravanas van a traer riqueza y alimentos. Es buen momento para planear y organizar un viaje a los confines del territorio y más allá. Puedes atravesar grandes desiertos y escalar altas cumbres. Con un buen timonel a bordo es muy difícil que las barcas encallen.

Salud: No habrá preocupaciones. Es muy buen momento para estudiar medicina y herbolaria, astrología y otras ciencias. Una buena fórmula para no padecer enfermedades, se reduce a escoger bien los alimentos y evitar los excesos.

Espíritus malignos: No te molestarán porque prefieren no desafiar al infortunio. No guardes resentimiento y cuídate de no obrar de mala fe.

Prácticas espirituales: Lograrás tus propósitos. Agradécele a Nor gyu ma (Vasudharani),[82] deidad que te protege como ángel guardián, el que te colme de ventura. Será bueno encender Cho me[83] para iluminar los templos. Procura que nunca falte luz, que todo lo oscuro se ilumine, que haya entendimiento.

Lo perdido: Estás muy cerca, pronto encontrarás lo que andas buscando, o lo que andas buscando te encontrará a ti. Todo lo que te pertenece se aproximará a ti, y aquello que no te pertenece se alejará de ti. Recuerda que muchas veces "lo perdido" es simétrico con "lo ganado".

La tarea: Se hará. Lo que es, es, y lo que tiene que ser, será. Es un buen momento para la acción. Es la hora del Karma.

Otros asuntos: Hay ventura y las situaciones pendientes tienden a resolverse correctamente. Para disponer de una ayuda especial que te permita su-

---

82 Nor gyu ma es la más popular de las deidades que traen riqueza.

83 Cho me es el nombre de las velas de grasa, también llamadas "de mantequilla", que se encienden en todo tipo de rituales. Deben emplearse con mucho cuidado para evitar incendios, ya que en Tibet han sido el origen de siniestros que destruyeron magníficos templos y palacios.

perar cualquier obstáculo, encomiéndate a Thob chen (Mahabala).[84] No dejes que te siegue la buena fortuna, y aprende a compartir los regalos de la vida. Recuerda que la virtud no se practica para obtener fama ni provecho, sino para liberar la mente del sufrimiento. Talla en madera o en una piedra un pensamiento compasivo.

Resumen: Este oráculo recomienda hacerse cargo de todo lo que nos atañe. Nos invita a ser plenamente conscientes y responsables de nosotros mismos, para poder ofrecer lo mejor que tengamos al prójimo.

34. DHI-TSA: "La Blanca Concha de la Fortuna"

Significado: A las buenas ideas nadie las olvida, mientras a las malas no se las recuerda. Cuando aparece la Blanca Concha de la Fortuna, el Cho (Dharma)[85] anuncia que la fama y el éxito tienden

---

84 Thob chen es un poderoso Buda que auxilia a quienes necesitan superar obstáculos. Es un auxiliar poderoso que duplica la fuerza que cada uno invierte en algo: cuando yo pongo diez, él pone otros diez.

85 Cho es la palabra que designa al conjunto de las enseñanzas de Buda.

a aumentar. Los senderos se iluminan y la marcha es afortunada. Nuestras ideas y pensamientos guían a la gente, así como una bella melodía gana corazones. El dulce sonido de las conchas de mar acompaña una era de realización, logros compartidos y renombre. Persevera en el Camino del Medio que enseñó Buda, a buena distancia de los extremos, en dirección a la visión y el conocimiento.

Vida, familia y afectos: Ésta es una predicción muy alentadora que indica que todo avanza por el camino de la superación espiritual, y quedan atrás periodos de confusión. No hay motivo alguno para preocuparse porque la casa grande –la casa de todos– tiene cimientos muy sólidos. La felicidad llegará, y será disfrutada y compartida. El amor estará presente en la vida cotidiana. Vigila la pasión y sé fiel a la compasión. Cuando sea necesario, no cuentes hasta diez antes de hablar... cuenta hasta cien.

Intención y proyectos: El éxito acompañará a las empresas planeadas con prudencia y serenidad. La vida presenta escollos para que veamos cómo superarlos. Muy pronto habrá buenas noticias que alegrarán a mucha gente y ofrecerán sosiego. Quienes se dediquen a difundir las enseñanzas de Sang gye[86] o las artes, las letras, la lógica, la filosofía, lograrán buenos resultados, serán reconocidos y respetados como auténticos maestros. Com-

---

86 Sang gye es el nombre tibetano de Buda.

prende que eres un maestro en ciernes, que sólo de ti depende llegar a serlo. Y cuando llegues a serlo nunca olvides a los que te necesitan.

Amistad y riqueza: La virtud colma de hermosos bienes a quienes la practican. No es fácil, pero debe ser tu meta. Pronto recibirás muestras contundentes del afecto y respeto que te tienen tus verdaderos amigos. Vivirás rodeado de personas que te ayudarán en lo que necesites. Aléjate de los necios porque su compañía es perturbadora y, en cambio, convive con los prudentes. Abre tus bodegas para que los necesitados puedan llevar pan a sus hogares.

Enemigos: No hay enemigos en el horizonte ni ocultos en las cercanías. Nada amenaza los valles en los que impera el Cho. De todas maneras, evita cualquier forma de arrogancia y permanece vigilante. No olvides que la ignorancia es pólvora mojada. Felicidad en la confianza bien establecida.

Viajes: La palabra verdadera es como la luz de un faro que guía a los navegantes y asegura un buen derrotero. De todas partes llegarán personas buscándote que quieren escuchar lo que tienes que decir. Vendrán de muy lejos, porque tu fama llegará muy lejos. Comparte lo que aprendiste de tus maestros y vivirás rodeado de afecto.

Salud: Habrá algunas afecciones menores, pero los enfermos sanarán. Intenta liberarte de cualquier hábito dañino.

Espíritus malignos: Los demonios se alejarán para siempre de tu casa; saben que no pueden cruzar el umbral de tu mente. Los pensamientos correctos son como una buena traba de madera dura, y resisten cualquier intento de derribar la puerta. No vivas en una fortaleza: conviértete en una fortaleza que rechace tus propios embates.

Prácticas espirituales: Tus deseos se cumplirán porque los dioses escuchan cada una de tus oraciones. Escucha a tu corazón, actúa con honestidad y todo lo demás llegará por añadidura. Puedes hacer cualquier tipo de práctica, siempre te traerá buenos resultados. Agradece con ofrendas a tus divinidades los hermosos dones con que te enriquecen.

Lo perdido: No te pierdas a ti mismo por andar buscando a tientas lo perdido. Ajusta cuentas con el pasado para establecerte en el presente. No es preciso que andes buscando por las cañadas, pronto aparecerá lo que te pertenece. Alguien lo traerá mansamente a tu presencia.

La tarea: En un ambiente de comprensión y respeto, la tarea será fácil de hacer y dará muy buenos frutos. Es probable que nadie falte a la cita, ya que conocen su importancia y quieren participar. Habrá logros.

Otros asuntos: Los dioses te brindan protección y apoyo, y ellos te ayudarán a concluir con éxito cualquier cosa que esté en suspenso o que emprendas. Estrecha tu relación con Kun tu zang po (Samantabhadra)[87] para que te ilumine con su inmensa sabiduría. Si mantienes la mente clara y un corazón compasivo, todo lo que parece muy difícil resultará accesible.

Resumen: Tu trabajo espiritual produce excelentes resultados y "crece tu fama", mientras gozas de una maravillosa paz interior. El conocimiento y la práctica del Cho traen ventura.

35. DHI-NA: "LA RUEDA DE LA PROSPERIDAD"

Significado: Como se mueven los astros, los continentes, los océanos, los Himalayas,[88] también se mueve la vida en una dinámica llena de energías y

---

87 Kun tu zang po, considerado como deidad universal, es uno de los Budas más importantes, cuya sabiduría aclara la mente y ayuda a superar obstáculos. Es el Buda inspirador al que se representa en una tántrica posición amorosa, con su esposa desnuda enlazada a su cuerpo y abrazada a su cuello.

88 Hace millones de años, cuando la India actual era una inmensa isla, su lento desplazamiento y colisión con el continente asiático produjo el surgimiento de esa enorme cordillera que hoy son los Himalayas. Y como no es posible pensar en semejante choque y fusión sin tomar en cuenta la inevitable cantidad de energía generada, no es extraño que se defina al Tibet como uno de los centros energéticos más poderosos del planeta.

transformaciones. Todo es marea en sutil y permanente cambio. El sol, la swástika (cruz gamada)[89] y la rueda son símbolos del movimiento, la transformación, la fertilidad, la prosperidad que proviene de la naturaleza. Representan el bienestar que regala una buena cosecha o "el afortunado hallazgo de un tesoro". La Rueda es una metáfora del dínamo, y su mensaje anuncia un futuro próspero, con riqueza y felicidad. Todas las cosas compuestas están sujetas al cambio.

Vida, familia y afectos: Los ciclos de la vida se suceden unos a otros en armonía, no habrá que lamentar rupturas ni escisiones. Tal vez haya dolor, pero los sufrimientos pueden evitarse. Los hijos le darán continuidad a la obra de sus padres, como ellos se la dieron a la de los suyos. Las relaciones amorosas serán fuertes, intensas. En el enlace y desenlace habrá continuidad. En la naturaleza de los vínculos sobresale la permanencia.

Intención y proyectos: El futuro se mostrará generoso y no te faltará nada. Para llegar virtuoso a

---

89 La swástika es la cruz gamada que representa muchas cosas para los budistas. Es el símbolo de la Ley, pero también un símbolo solar de fertilidad, y un signo que simboliza la doctrina esotérica de Buda. Como los rosarios Ak sha mala, esta cruz giratoria y la rueda representan la periodicidad inacabable de todos los procesos. Su nombre proviene del sánscrito, en el que "swasti" significa "estar bien" o ser feliz. Según la tradición, es uno de los sesenta y cinco signos probatorios de máxima iluminación visibles en una huella del pie de Buda.

viejo, hay que recorrer el Camino del Medio[90] toda la vida. Recuerda: si quieres ser feliz en tu vejez, debes hacer lo adecuado durante cincuenta años. Las buenas actitudes traen ventura. El ocio a nada conduce, mientras el esfuerzo asegura el éxito. La acción es inevitable e imprescindible.

Amistad y riqueza: El movimiento de la Rueda genera nuevas relaciones, buenas amistades, mejores vínculos. El remolino y el tornado causan temor, porque sus fuerzas son incontrolables... ¡nada intentes controlar!... ¡no te asustes de lo nuevo! Acepta los cambios, es probable que nuevos sucesos generen exitosas situaciones futuras. Dedícale al elogio el triple del tiempo que le dediques a la crítica. Dedícale a la compasión todas las horas de todos los días. El mundo está lleno de gente hablando mal de otra gente, no te confundas entre esas personas.

Enemigos: Por el momento no hay ni se vislumbran enemigos, pero si acaso se presentan en el futuro, será posible someterlos. Ordena a tus guerreros preparar trampas con redes para capturar a los enemigos sin hacerles daño.

---

90 El "Camino del Medio" es uno de los tantos nombres con que se denominan las enseñanzas de Buda, porque propone evitar ambos extremos: el deseo y los placeres, o el sacrificio y las mortificaciones.

Viajes: Las caravanas cruzarán valles y montañas sin dificultad, llevando buenas noticias y prosperidad de un lado a otro. Habrá mucho intercambio y crecerá el comercio. Cuando llegue un maestro, escúchalo y aprovecha su visita, no será en vano. Ayúdate a madurar consiguiendo un buen amigo, siendo virtuoso, aceptando consejos prudentes, evitando los malos pensamientos, caminando hacia la sabiduría.

Salud: Las personas que sepan corregir todo aquello que las llevó a la enfermedad, restablecerán una buena relación con los dioses y sanarán.

Espíritus malignos: Por el momento ninguno está molestándote y es previsible que no lo hagan en el futuro.

Prácticas espirituales: No tendrás problemas, no encontrarás impedimento alguno en tus meditaciones y oraciones, que serán benéficas. Recuerda que no existe más felicidad que la paz interior.

Lo perdido: Por ahora no está a tu alcance, pero tal vez en el futuro puedas recuperarlo.

La tarea: Planea tus labores con tiempo y visión de futuro, recordando que una vez que algo se pone en movimiento no es fácil detenerlo, y cuando llegue el momento oportuno todo saldrá bien. El que es visionario y previsor tiene andada la mitad del camino.

Otros asuntos: En el presente no habrá grandes cambios, pero en el futuro todo será muy positivo. Será prudente invocar a Mi truk pa (Heruka),[91] la poderosa deidad capaz de destruir todos los demonios de la Tierra que afligen y perturban a los humanos. Prepárate para disfrutar virtuosamente de una era de incremento en todo sentido, para que cuando llegue no te apegues a lo ilusorio de las riquezas, la fama y los honores. La sabiduría y la paz son duraderas, la gloria y el halago se marchitan.

Resumen: El futuro será venturoso. Nada te faltará y podrás realizar muchos de tus deseos. Todo se mueve y cambia, salvo la sabiduría.

36. DHI-DHI: "LA PRECIOSA BANDERA DE LA VICTORIA"

Significado: Todo tiende al centro, y emana desde el centro. DHI es el centro, y la sabiduría trascendental, la excelencia. Cuando la mente se orienta a la perfección, la luz más poderosa alumbra los

---

91 Mi truk pa es una representación tántrica de Buda, con un aspecto terrible: varias cabezas, rostros distorsionados, tres ojos sanguíneos en cada cara, largas lenguas, piel de tigre y ornamentos de serpiente. Se dice que es tan poderoso que ha podido vencer a todos los demonios Dud (Mara).

pensamientos. El espíritu puede brillar como una

gema pulida por "la Reina que concede todos los deseos" y, al amparo de Dorje chang (Vajradhara),[92] alcanzar increíbles victorias que parecían imposibles. Ésta es una época en la que podrás realizar tu voluntad, y hacer las cosas más hermosas e importantes en tu vida. Dijo el maestro: "Todo el poder del Cho se vuelca sobre el que busca la verdad".

Vida, familia y afectos: Debes saber que DHI es la excelencia, que trae ventura y éxito, aunque también es la fertilidad y el aumento. Será insospechado tu poder, tanto como tu capacidad de iniciar y concluir aquello que te propongas. Tu casa se poblará de recién nacidos que crecerán felices. Tu pareja será la más amorosa de las que existen y tú serás para ella un regalo de la vida. Los pensamientos positivos someterán a los pensamientos negativos.

Intención y proyectos: Los resultados dependen siempre de ti, pero cuando estás tan bien encaminado como ahora, lo más probable es que todo te salga bien. Si sigues por la virtuosa ruta que te has trazado, el éxito es seguro. Si surgiera algún escollo, estarás preparado para superarlo. Aplica siempre la fórmula tántrica de "navegar en libertad" con la virtud como timón.

---

92 Dorje chang, altísima y perfecta manifestación de Buda en la antigua tradición mántrica Dorje theg pa (Vajrayana).

Amistad y riqueza: Hay tantas "piedras preciosas" a tu alrededor, que es casi imposible que tus días no sean tan luminosos como tus obras. Tus actitudes generan riqueza. Escucha el consejo de los sabios, pero no te entusiasmes con los fogosos discursos de los charlatanes. Recuerda las palabras de Buda: "El que en busca de la felicidad inflige daño a otros seres, jamás hallará la felicidad". Cuídate de actuar mal con la excusa de perseguir el bien. No pierdas tiempo intentando meter dos pies en un zapato.

Enemigos: No hay contrincante peligroso para el que hace flamear "la bandera de la victoria". Si alguna vez hubo enemigos atacando tus tierras con fiereza, en el futuro regresarán pero a bendecir tu nombre, porque supiste respetar la vida de los vencidos. La benevolencia siempre es más fuerte que la rudeza.

Viajes: Es muy probable que lleguen personas procedentes de ciudades lejanas interesadas en conocerte, escucharte y aprender de ti: ábreles el corazón y la puerta de tu casa. Para ellos serán seguros los caminos, no correrán riesgo alguno. Ellos te enriquecerán con su agradecimiento.

Salud: Cuando desaparece el origen de la enfermedad, el cuerpo se restablece. Busca siempre el origen de las cosas para entender lo esencial. Mediante el empleo de oraciones, ofrendas y rituales, las afecciones sanarán en forma natural.

Espíritus malignos: Ni los hay molestando, ni los habrá interfiriendo. No están invitados a la fiesta de tu tranquilidad.

Prácticas espirituales: Como el brillo de las gemas bajo el sol, así de luminosas serán todas tus prácticas. Recuerda que la espada de Jam pal yang (Manjushri)[93] es un símbolo de iluminación; dedícale oraciones para que te otorgue sabiduría y te libere de todo anhelo y apego. No te apegues ni al desapego y comprométete con una vida compasiva.

Lo perdido: Déjate guiar por la buena intuición; así, casi a ciegas llegarás a su encuentro.

La tarea: No habrá tarea imposible, ni labor que quede a medias. Todo se hará puntualmente y cuidando cada detalle. Los resultados serán muy provechosos.

Otros asuntos: No hay enigma que no puedas resolver, ni buen deseo al que no puedas acceder. Todo lo que hagas tendrá el signo de la excelencia. Si logras un nivel superior de comprensión hacia todo lo que te rodea, tu felicidad será inmensa. Para ello será muy benéfico meditar en Cheng re sik (Avalokiteshvara),[94] cuyo Ngak (mantra) OM

---

93 Jam pal yang es el Buda que reúne en sí la sabiduría de todos los Budas y el que como patrono del MO le transfiere esa sabiduría a este antiguo oráculo tántrico.

94 Cheng re sik es el magnífico Buda de la infinita compasión, que renunció a su salvación para compartir las miserias es-

MANI PADME HUM es la invocación más compasi-va de todas las que se conocen. También trae ven-tura orar al Rey Gesar,[95] gran enemigo tibetano de la maldad.

Resumen: Cuando avanzas con la "Preciosa Ban-dera de la Victoria" en tus manos, nada es imposi-ble. La sabiduría te guía a la excelencia, y juntas te aseguran la felicidad, la paz interior y la sabiduría.

---

pirituales humanas y ayudar a todos los que las padecen (un arquetipo similar al de Cristo en la cultura occidental). Su Ngak o mantra OM MANI PADME HUM, es una invocación de seis sílabas (siempre escritas en sánscrito) muy compasiva y muy difundida, que quiere decir "Viva la Joya en la flor de Loto". Tanto la Joya como la flor de Loto son dos elementos simbólicos sagrados muy importantes en la tradición budis-ta; nos remiten a la compasión, por lo que el mantra puede interpretarse como "Señor, hazme compasivo".

95 El Rey Gesar es un personaje muy popular en Tibet, a quien se recuerda como un gran luchador que dedicó toda su vida a combatir la maldad de este mundo. Por ello se le invoca como protector para resistir y someter a los demonios.

Ignacio González Janzen

La felicidad

- No hay un solo lugar donde la felicidad sea eterna, ni tampoco un lugar donde no se dé.

- Hay que escalar un cerro de adversidad para llegar al valle de la felicidad.

- Nadie tiene la fórmula para alargar una vida feliz y acortar los momentos dolorosos.

- Después de un día feliz habrá uno triste y después de un día triste, otro feliz.

- Siempre hay alguien que no disfruta el sol, como el murciélago y la lechuza.

- La desilusión hace ver amarillas a las conchas blancas; la neurosis pinta de negro las montañas nevadas.

- Si uno busca amistad llegan hasta los osos, pero si busca soledad verá alejarse hasta las lombrices.

- Para la tortuga que vive en un pozo, es insoportable que hablen de la inmensidad del mar.

- La felicidad nunca se duplica, pero las penas suelen triplicarse.

- Cuando perseverar es la inversión, la felicidad es el dividendo.

- La orden absurda devuélvela al rey, y envía a su madre a la mujer infiel.

- Si buscas dinero acércate al rico, si buscas refugio regresa a tu hogar.

- Es medicina el sentimiento que se expresa, y veneno el sentimiento que se oculta.

- Si la doctrina sagrada garantizara la felicidad, los lamas no serían tan alborotadores.

- Siempre es más fácil construir una casa que construir un hogar.

Conductas y actitudes

- La esencia de la moral es vivir en armonía.

- Son las grandes nevadas las que hacen sentir al sol más tibio.

- Es más rico el que vive honestamente, que el que tiene muchos caballos y un centenar de yaks.

- El que sabe puede decir lo que quiera, y el cocinero gozar lo que cocina.

- El que se niega por decoro, es aceptado por confiable.

- El que se quiera alimentar que se ponga a trabajar.

- Tira brasas al cielo y te quemarás el pelo.

- Ni la elocuencia es inteligencia, ni la furia es valentía.

- Ni la elocuencia salva al deudor, ni la opulencia al pecador.

- Si quieres bailar en público, practica en privado.

- Al vagabundo lo acompaña su sombra y sólo lo recuerdan sus pisadas.

- La bella ropa es para lucirla, y la buena comida, para compartirla.

- Ni un pájaro hace bandada, ni un árbol se convierte en bosque.

- Es de locos buscar en una noche oscura, lo que no encontraste a lo largo de un luminoso día de sol.

- Si quieres ser sagaz, olvida tu arrogancia.

- Sólo los sabios reconocen la sabiduría ajena, y los valientes el valor del enemigo.

- No te sorprenda hallar pendencieros en los templos, ni conciliadores entre los caníbales.

- Los valientes combaten cuerpo a cuerpo, mientras los cobardes arrojan dardos desde las murallas.

- Cada hombre tiene su forma de ser, cada planta su forma de crecer.

- Sin dar un primer paso no subirás ni bajarás de las montañas.
- Pídele a todos su opinión, pero decide por ti mismo.
- De nada sirve llorar y golpearse la cabeza a los pies de los santos.
- A las disputas y a los incendios hay que apagarlos en cuanto empiezan.
- Cuando los oídos se secan, los pensamientos se pudren.
- Con exceso de velocidad y agilidad hasta los tigres se resbalan.

Palabras y promesas

- Las palabras suelen ser más sólidas que las conductas.
- Una boca cerrada no causa problemas.
- No hace falta hablar mucho para llegar a la corte de Buda.
- Puede nevar veinte días y veinte noches, pero no cambiará a una voz de pajarraco.
- Las mentiras crecen al ritmo de la conversación, mientras las promesas aumentan de acuerdo con la motivación.

- Si nos vas a hablar de Buda, desmonta y guarda tu espada.

- Nada se adhiere a una piel seca, ni se puede juntar agua en un canasto.

- Una boca amable no dice groserías, ni una mente sana planea maldades.

- Si orinas contra el viento, amanecerás resfriado.

- Si no hubiera atardecer, el sol no podría ser benevolente.

- En sus cuentos mató un tigre y de una mosca se asustó.

- Las promesas arden como leños al fuego y se apagan como brasas bajo la lluvia.

- En los momentos felices se intercambian secretos y en las horas amargas uno se arrepiente.

La amistad

- Espera a que llegue el invierno y sabrás quiénes son tus amigos.

- Amigos los que cabalgan en los días felices, y juntan los hombros en los días difíciles.

- Son pocos los que saben compartir la victoria y sus ganancias, y absorber la derrota y sus perjuicios.

- Cuando hay muchos generales, le causan desgracia al rey.
- El que anda en malas compañías, a la maldad naturalmente llega.
- A los amigos palabras armoniosas, y a todos un corazón amable.
- Es preferible beber agua con un buen amigo, que hartarse de cerveza con un desconocido.

Prudencia y previsión

- De nada sirve guardar cereales en un granero lleno de hoyos.
- Es mejor sembrar la tierra fértil, que construirle un templo encima.
- Sin voluntad ni esfuerzo toda tarea es agotadora.
- Si el suegro tiene mal carácter sufren las nueras, pero si el padre tiene deudas sufren los hijos.
- No le temas al severo sabio, témele al hipócrita malintencionado.
- Mientras los sabios aprenden del pasado, los audaces aprenden del futuro.
- Con exceso de velocidad y agilidad hasta los tigres se resbalan.

- Cuando estés acostado y abrigado, no olvides qué se siente bajo un temporal al descampado.

- Si quieres éxito alimenta a tu caballo, pero si quieres sabiduría no olvides la doctrina.

- Los Himalayas son muy altos, pero están por debajo de los cielos.

- Hay que entender que los niños se porten como niños, sin esperar que los mayores actúen como mayores.

Metáforas de animales

- Cuanto más te acercas al tigre, más te acercas a sus mandíbulas.

- Los leones no salen de vacaciones.

- Los zorros no se quitan la piel para dormir.

- Muchos perritos juntos pueden matar a un león.

- Un buen perro es la mejor barda de una casa.

- El león blanco de las nieves puede rugir más fuerte, pero el perro que te cuida la casa es más valioso.

- No por andar con brocados el cerdo es bien educado.

- La mosca que duerme sobre el lomo de un cerdo sueña que está en el cielo.

- No es la fe la que tiene al perro a la puerta del lama, sino el olor a comida.

- Es imposible distinguir la hormiga que se acerca a lomo de caballo.

- Si arrinconas a un animal no te quejes de que te ataque.

- Nadie ha logrado todavía que los perros no anden oliendo mierda.

Necios, ladrones y mentirosos

- El tonto que se pretende un genio, sólo confirma su tontería.

- La cucaracha que come excrementos está convencida de que son manjares.

- Si los necios no mostraran su necedad, podrían confundirlos con los sabios.

- Los chismosos siempre agrandan la mentira y achican las verdades.

- Entre un mentiroso y un murmurador, es preferible un mentiroso.

- El ladrón no sabe dónde vive Buda.

- El más arrogante ladrón es el que roba una vida humana.

- Cuando los ladrones tienen el milagroso poder de robar, los ganaderos deben tener el vigilante ojo de la sabiduría.

- Cuando es la mente la que se dedica a robar, no hay posesiones que le pongan límites.

- Para el abogado al que el dinero engorda, ninguna verdad es respetable.

- Mientras las alas del sabio son su conocimiento, las del abogado son un veloz caballo.

- Gestos reverentes, traiciones inclementes.

Esta obra se terminó de imprimir
en marzo de 2014, en los Talleres de

IREMA, S.A. de C.V.
Oculistas No. 43, Col. Sifón
09400, Iztapalapa, D.F.